기본 연산
Check-Book

KB124532

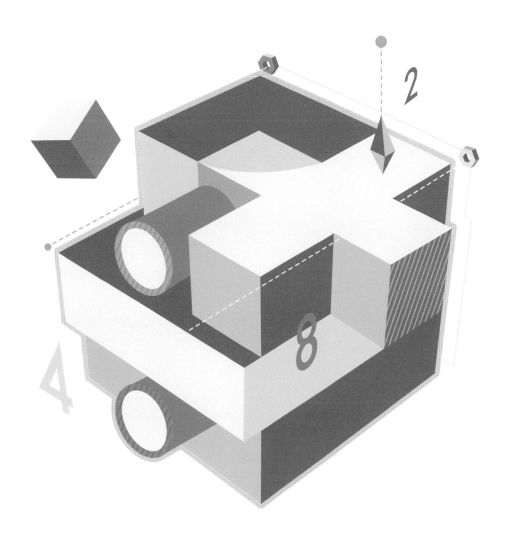

7세 3호

50까지의 수

50까지의 수

①
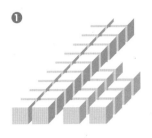

십	일
2	9
29 개	

②
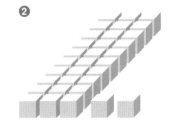 

십	일
개	

③
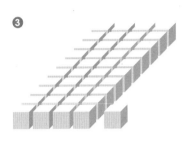 

십	일
개	

④
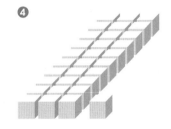 

십	일
개	

⑤
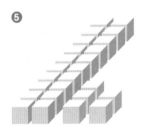 

십	일
개	

⑥
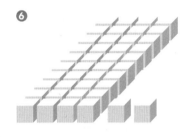 

십	일
개	

⑦
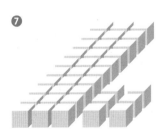 

십	일
개	

⑧
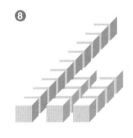 

십	일
개	

⑨
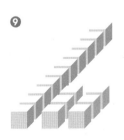 

십	일
개	

⑩
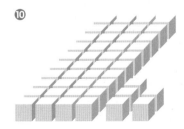 

십	일
개	

월   일

⑪
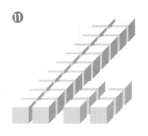

십	일
개	

⑫

십	일
개	

⑬

십	일
개	

⑭

십	일
개	

⑮
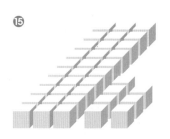

십	일
개	

⑯
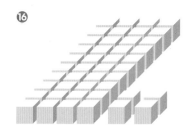

십	일
개	

⑰

십	일
개	

⑱
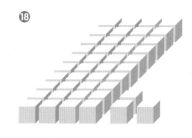

십	일
개	

⑲
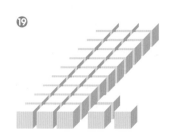

십	일
개	

⑳
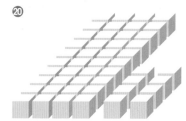

십	일
개	

자르는 선

수 읽기

① 십이 | 12

② 이십칠

③ 삼십오

④ 이십일

⑤ 이십사

⑥ 사십구

⑦ 삼십일

⑧ 십오

⑨ 삼십이

⑩ 삼십칠

⑪ 이십구

⑫ 이십칠

⑬ 이십오

⑭ 사십일

⑮ 십삼

⑯ 십사

⑰ 이십이

⑱ 사십사

⑲ 이십삼

⑳ 삼십사

㉑ 사십육

㉒ 삼십육

㉓ 사십오

㉔ 이십육

㉕ 서른하나 ☐

㉖ 스물둘 ☐

㉗ 열다섯 ☐

㉘ 스물하나 ☐

㉙ 열넷 ☐

㉚ 서른다섯 ☐

㉛ 마흔다섯 ☐

㉜ 서른셋 ☐

㉝ 스물여덟 ☐

㉞ 스물아홉 ☐

㉟ 열둘 ☐

㊱ 마흔넷 ☐

㊲ 마흔일곱 ☐

㊳ 서른여섯 ☐

㊴ 열여덟 ☐

㊵ 열여섯 ☐

㊶ 스물넷 ☐

㊷ 마흔셋 ☐

㊸ 스물일곱 ☐

㊹ 서른여덟 ☐

㊺ 마흔둘 ☐

㊻ 서른아홉 ☐

㊼ 마흔하나 ☐

㊽ 스물다섯 ☐

자르는 선

수의 순서

① 22 23 24 [25]

② 11 12 [ ] 14

③ 15 16 17 [ ]

④ 28 29 [ ] 31

⑤ 32 33 34 [ ]

⑥ 37 38 [ ] 40

⑦ 25 26 27 [ ]

⑧ 41 42 [ ] 44

⑨ 44 45 46 [ ]

⑩ 18 19 [ ] 21

⑪ 12 13 14 [ ]

⑫ 42 43 [ ] 45

⑬ 29 30 31 [ ]

⑭ 46 47 [ ] 49

⑮ 40 41 42 [ ]

⑯ 20 21 [ ] 23

⑰ 45 44 43 ☐

⑱ 37 36 ☐ 34

⑲ 28 27 26 ☐

⑳ 47 46 ☐ 44

㉑ 17 16 15 ☐

㉒ 26 25 ☐ 23

㉓ 48 47 46 ☐

㉔ 36 35 ☐ 33

㉕ 15 14 13 ☐

㉖ 27 26 ☐ 24

㉗ 34 33 32 ☐

㉘ 19 18 ☐ 16

㉙ 20 19 18 ☐

㉚ 41 40 ☐ 38

㉛ 40 39 38 ☐

㉜ 21 20 ☐ 18

4주 1과 10 큰 수 작은 수

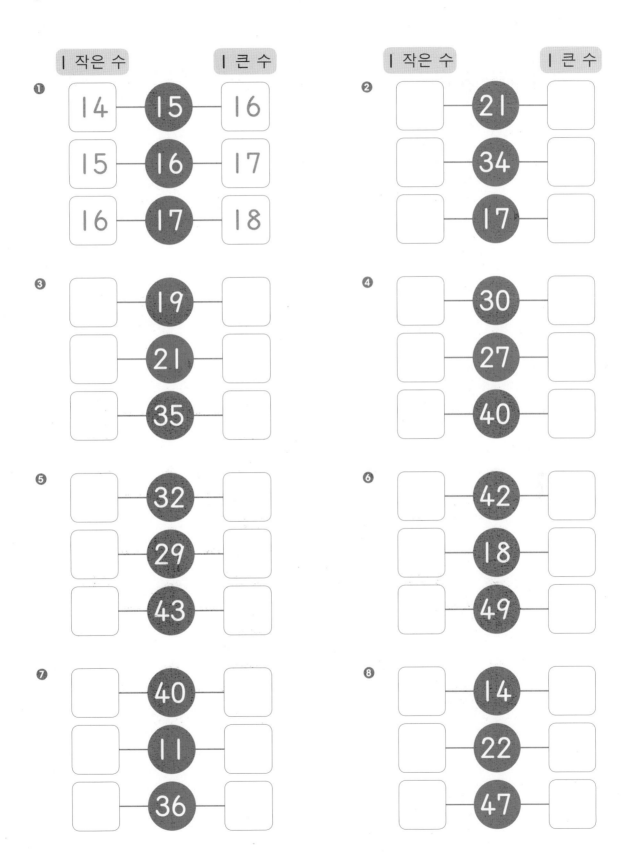

I 작은 수   I 큰 수   I 작은 수   I 큰 수

❶ 14 — 15 — 16
15 — 16 — 17
16 — 17 — 18

❷ — 21 —
— 34 —
— 17 —

❸ — 19 —
— 21 —
— 35 —

❹ — 30 —
— 27 —
— 40 —

❺ — 32 —
— 29 —
— 43 —

❻ — 42 —
— 18 —
— 49 —

❼ — 40 —
— 11 —
— 36 —

❽ — 14 —
— 22 —
— 47 —

자르는 선

⑨ 10 작은 수　　10 큰 수

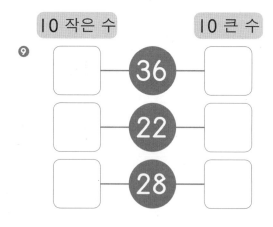

⑩ 10 작은 수　　10 큰 수

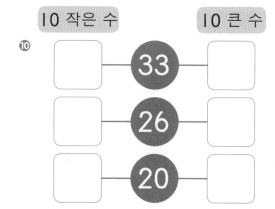

⑪

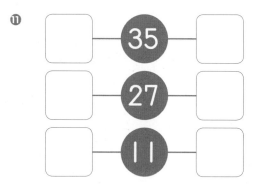

⑫

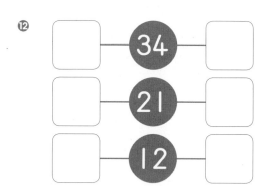

⑬

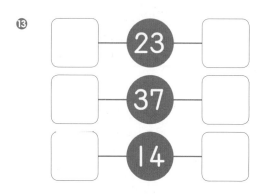

⑭

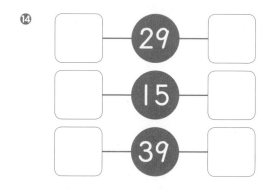

⑮

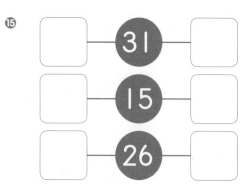

⑯

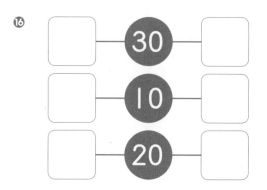

자르는 선

수의 크기

①
24
큰 수
24 17

②
큰 수
29 44

③
큰 수
12 13

④
큰 수
45 28

⑤
큰 수
26 32

⑥
큰 수
50 40

⑦
큰 수
20 30

⑧
큰 수
19 17

⑨
큰 수
15 26

⑩
큰 수
25 21

⑪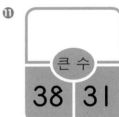
큰 수
38 31

⑫
큰 수
34 35

⑬
큰 수
43 42

⑭
큰 수
14 37

⑮
큰 수
18 16

⑯
큰 수
39 22

⑰
큰 수
46 47

⑱
큰 수
41 27

⑲
큰 수
23 48

⑳
큰 수
33 49

㉑
23 25
작은 수

㉒
19 26
작은 수

㉓
38 36
작은 수

㉔
20 50
작은 수

㉕
27 18
작은 수

㉖
11 37
작은 수

㉗
12 35
작은 수

㉘
43 46
작은 수

㉙
47 28
작은 수

㉚
21 24
작은 수

㉛
15 41
작은 수

㉜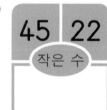
45 22
작은 수

㉝
14 42
작은 수

㉞
29 13
작은 수

㉟
32 48
작은 수

㊱
16 39
작은 수

㊲
30 34
작은 수

㊳
33 31
작은 수

㊴
17 49
작은 수

㊵
40 44
작은 수

자르는 선

부등호

① 32 < 38   ② 27 ◯ 43   ③ 44 ◯ 33

④ 45 ◯ 41   ⑤ 12 ◯ 11   ⑥ 28 ◯ 43

⑦ 20 ◯ 19   ⑧ 26 ◯ 17   ⑨ 49 ◯ 50

⑩ 16 ◯ 18   ⑪ 34 ◯ 36   ⑫ 13 ◯ 50

⑬ 39 ◯ 34   ⑭ 19 ◯ 14   ⑮ 42 ◯ 47

⑯ 18 ◯ 15   ⑰ 35 ◯ 46   ⑱ 21 ◯ 25

⑲ 41 ◯ 40   ⑳ 22 ◯ 23   ㉑ 31 ◯ 48

㉒ 24 ◯ 29   ㉓ 37 ◯ 30   ㉔ 47 ◯ 42

㉕ 25 ◯ 21   ㉖ 42 ◯ 32   ㉗ 37 ◯ 34

㉘ 41 ◯ 48   ㉙ 35 ◯ 25   ㉚ 27 ◯ 23

월 일

㉛ 21 ○ 41	㉜ 15 ○ 13	㉝ 12 ○ 42
㉞ 30 ○ 31	㉟ 14 ○ 16	㊱ 25 ○ 29
㊲ 31 ○ 19	㊳ 17 ○ 33	㊴ 23 ○ 32
㊵ 22 ○ 15	㊶ 43 ○ 44	㊷ 38 ○ 29
㊸ 37 ○ 28	㊹ 14 ○ 21	㊺ 32 ○ 35
㊻ 46 ○ 37	㊼ 15 ○ 18	㊽ 47 ○ 44
㊾ 39 ○ 36	㊿ 45 ○ 38	(51) 25 ○ 15
(52) 19 ○ 13	(53) 39 ○ 49	(54) 37 ○ 19
(55) 29 ○ 27	(56) 48 ○ 45	(57) 20 ○ 22
(58) 50 ○ 49	(59) 26 ○ 40	(60) 34 ○ 48

자르는 선

수 배열표

❶

13	14	15
23	24	25
33	34	35

❷

22	23	
32	33	

❸

8	9	
18	19	

❹

12	13	
22	23	

❺

7	8	
17	18	

❻

17	18	
27	28	

❼

6	7	
16	17	

❽

21	22	
31	32	

❾

2	3	
12	13	

❿

23	24	
33	34	

⓫

5	6	
15	16	

⓬

18	19	
28	29	

⑬

27	28	29
37	38	39
47	48	49

⑭

16		
		28
	37	38

⑮

26		
		38
	47	48

⑯

28		
		40
	49	50

⑰

1		
		13
	22	23

⑱

15		
		27
	36	37

⑲

11		
		23
	32	33

⑳

25		
		37
	46	47

㉑

3		
		15
	24	25

㉒

14		
		26
	35	36

㉓

4		
		16
	25	26

㉔

24		
		36
	45	46

❶ 2 — 11 13 15 [17]

❷ 2 — 17 19 21 [ ]

❸ 2 — 16 18 20 [ ]

❹ 2 — 36 38 40 [ ]

❺ 2 — 23 25 27 [ ]

❻ 2 — 28 30 32 [ ]

❼ 2 — 44 46 48 [ ]

❽ 2 — 41 43 45 [ ]

❾ 5 — 5 10 15 [20]

❿ 5 — 15 20 25 [ ]

⓫ 5 — 21 26 31 [ ]

⓬ 5 — 35 40 45 [ ]

⓭ 5 — 12 17 22 [ ]

⓮ 5 — 16 21 26 [ ]

⓯ 5 — 18 23 28 [ ]

⓰ 5 — 24 29 34 [ ]

자르는 선

월   일

⑰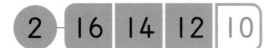
2 — 16 14 12 10

⑱
2 — 21 19 17 ☐

⑲
2 — 24 22 20 ☐

⑳
2 — 40 38 36 ☐

㉑
2 — 27 25 23 ☐

㉒
2 — 36 34 32 ☐

㉓
2 — 11 9 7 ☐

㉔
2 — 47 45 43 ☐

㉕
5 — 49 44 39 34

㉖
5 — 45 40 35 ☐

㉗
5 — 37 32 27 ☐

㉘
5 — 32 27 22 ☐

㉙
5 — 20 15 10 ☐

㉚
5 — 24 19 14 ☐

㉛
5 — 16 11 6 ☐

㉜
5 — 28 23 18 ☐

자르는 선

정 답

1주 50까지의 수 1~2쪽

❶ 2, 9, 29　❷ 3, 2, 32　❸ 4, 1, 41　❹ 3, 1, 31　❺ 2, 5, 25　❻ 4, 2, 42
❼ 3, 6, 36　❽ 1, 8, 18　❾ 1, 6, 16　❿ 4, 5, 45　⓫ 2, 6, 26　⓬ 1, 3, 13
⓭ 2, 2, 22　⓮ 1, 5, 15　⓯ 3, 7, 37　⓰ 4, 4, 44　⓱ 2, 4, 24　⓲ 4, 3, 43
⓳ 3, 3, 33　⓴ 4, 8, 48

2주 수 읽기 3~4쪽

❶ 12　❷ 27　❸ 35　❹ 21　❺ 24　❻ 49　❼ 31　❽ 15　❾ 32　❿ 37　⓫ 29　⓬ 27
⓭ 25　⓮ 41　⓯ 13　⓰ 14　⓱ 22　⓲ 44　⓳ 23　⓴ 34　㉑ 46　㉒ 36　㉓ 45　㉔ 26
㉕ 31　㉖ 22　㉗ 15　㉘ 21　㉙ 14　㉚ 35　㉛ 45　㉜ 33　㉝ 28　㉞ 29　㉟ 12　㊱ 44
㊲ 47　㊳ 36　㊴ 18　㊵ 16　㊶ 24　㊷ 43　㊸ 27　㊹ 38　㊺ 42　㊻ 39　㊼ 41　㊽ 25

3주 수의 순서 5~6쪽

❶ 25　❷ 13　❸ 18　❹ 30　❺ 35　❻ 39　❼ 28　❽ 43　❾ 47　❿ 20　⓫ 15　⓬ 44
⓭ 32　⓮ 48　⓯ 43　⓰ 22　⓱ 42　⓲ 35　⓳ 25　⓴ 45　㉑ 14　㉒ 24　㉓ 45　㉔ 34
㉕ 12　㉖ 25　㉗ 31　㉘ 17　㉙ 17　㉚ 39　㉛ 37　㉜ 19

4주 1과 10 큰 수 작은 수 7~8쪽

❶ 14, 16, 15, 17, 16, 18　❷ 20, 22, 33, 35, 16, 18　❸ 18, 20, 20, 22, 34, 36
❹ 29, 31, 26, 28, 39, 41　❺ 31, 33, 28, 30, 42, 44　❻ 41, 43, 17, 19, 48, 50
❼ 39, 41, 10, 12, 35, 37　❽ 13, 15, 21, 23, 46, 48　❾ 26, 46, 12, 32, 18, 38
❿ 23, 43, 16, 36, 10, 30　⓫ 25, 45, 17, 37, 1, 21　⓬ 24, 44, 11, 31, 2, 22
⓭ 13, 33, 27, 47, 4, 24　⓮ 19, 39, 5, 25, 29, 49　⓯ 21, 41, 5, 25, 16, 36
⓰ 20, 40, 0, 20, 10, 30

5주 수의 크기 9~10쪽

❶ 24　❷ 44　❸ 13　❹ 45　❺ 32　❻ 50　❼ 30　❽ 19　❾ 26　❿ 25　⓫ 38　⓬ 35
⓭ 43　⓮ 37　⓯ 18　⓰ 39　⓱ 47　⓲ 41　⓳ 48　⓴ 49　㉑ 23　㉒ 19　㉓ 36　㉔ 20
㉕ 18　㉖ 11　㉗ 12　㉘ 43　㉙ 28　㉚ 21　㉛ 15　㉜ 22　㉝ 14　㉞ 13　㉟ 32　㊱ 16
㊲ 30　㊳ 31　㊴ 17　㊵ 40

6주 부등호 11~12쪽

❶ <　❷ <　❸ >　❹ >　❺ >　❻ <　❼ >　❽ >　❾ <　❿ >　⓫ <　⓬ <
⓭ >　⓮ >　⓯ <　⓰ >　⓱ <　⓲ <　⓳ >　⓴ <　㉑ >　㉒ <　㉓ >　㉔ >
㉕ >　㉖ >　㉗ >　㉘ <　㉙ >　㉚ >　㉛ <　㉜ >　㉝ >　㉞ <　㉟ <　㊱ <
㊲ >　㊳ <　㊴ <　㊵ >　㊶ <　㊷ >　㊸ >　㊹ <　㊺ <　㊻ >　㊼ <　㊽ >
㊾ >　㊿ >　51 <　52 <　53 <　54 >　55 >　56 >　57 <　58 <　59 <　60 <

7주 수 배열표 13~14쪽

❶ 15, 25, 33, 34, 35　❷ 24, 34, 42, 43, 44　❸ 10, 20, 28, 29, 30　❹ 14, 24, 32, 33, 34
❺ 9, 19, 27, 28, 29　❻ 19, 29, 37, 38, 39　❼ 8, 18, 26, 27, 28　❽ 23, 33, 41, 42, 43
❾ 4, 14, 22, 23, 24　❿ 25, 35, 43, 44, 45　⓫ 7, 17, 25, 26, 27　⓬ 20, 30, 38, 39, 40
⓭ 28, 29, 37, 38, 47　⓮ 17, 18, 26, 27, 36　⓯ 27, 28, 36, 37, 46　⓰ 29, 30, 38, 39, 48
⓱ 2, 3, 11, 12, 21　⓲ 16, 17, 25, 26, 35　⓳ 12, 13, 21, 22, 31　⓴ 26, 27, 35, 36, 45
㉑ 4, 5, 13, 14, 23　㉒ 15, 16, 24, 25, 34　㉓ 5, 6, 14, 15, 24　㉔ 25, 26, 34, 35, 44

8주 규칙과 조건 15~16쪽

❶ 17　❷ 23　❸ 22　❹ 42　❺ 29　❻ 34　❼ 50　❽ 47　❾ 20　❿ 30　⓫ 36　⓬ 50
⓭ 27　⓮ 31　⓯ 33　⓰ 39　⓱ 10　⓲ 15　⓳ 18　⓴ 34　㉑ 21　㉒ 30　㉓ 5　㉔ 41
㉕ 34　㉖ 30　㉗ 22　㉘ 17　㉙ 5　㉚ 9　㉛ 1　㉜ 13

사고셈

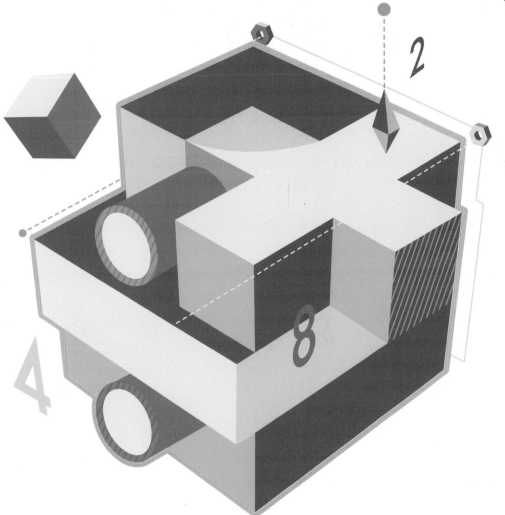

7세 3호

이 책의 **구성과 특징**

생각의 힘을 키우는 사고(思考)셈은 1주 4개, 8주 32개의 사고력 유형 학습을 통해 수와 연산에 대한 개념의 응용력(추론 및 문제해결능력)을 키울 수 있도록 하였습니다.

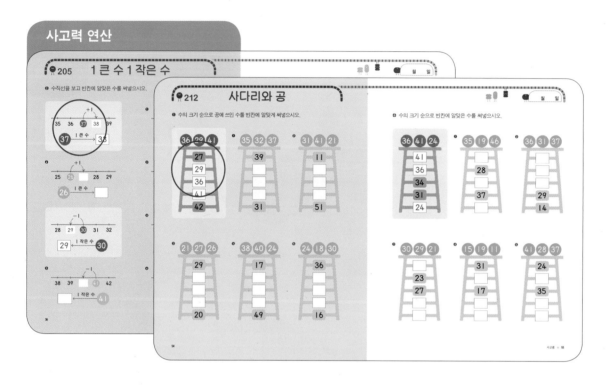

◆ 대표 사고력 유형으로 연산 원리를 쉽게쉽게
◆ 1~4일차: 다양한 유형의 주 진도 학습

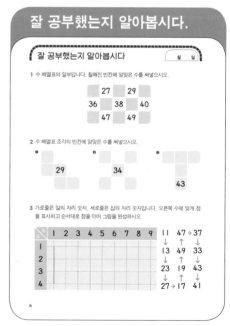

◆ 5일차 점검 학습: 주 진도 학습 확인

○ 권두부록 (기본연산 Check-Book)

기본연산 Check-Book

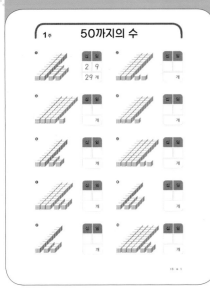

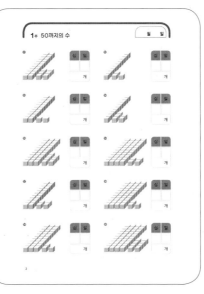

⊕ 본 학습 전 기본연산 실력 진단

○ 권말부록 (G-Book)

Guide Book(정답 및 해설)

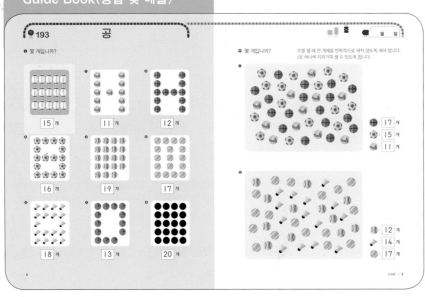

⊕ 문제와 답을 한 눈에!

⊕ 상세한 풀이와 친절한 해설, 답

학습 효과 및 활용법

········· ▲ 학습 효과

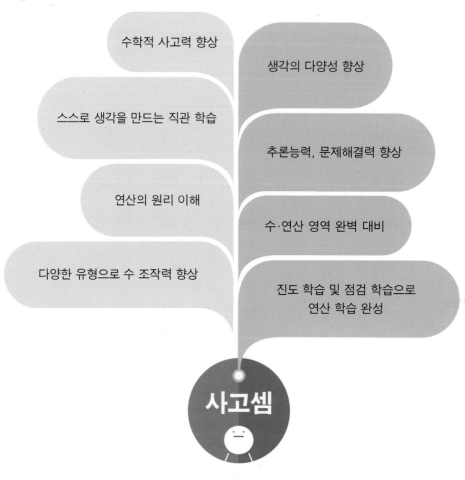

수학적 사고력 향상

생각의 다양성 향상

스스로 생각을 만드는 직관 학습

추론능력, 문제해결력 향상

연산의 원리 이해

수·연산 영역 완벽 대비

다양한 유형으로 수 조작력 향상

진도 학습 및 점검 학습으로
연산 학습 완성

사고셈

········· ▲ 주차별 활용법

1단계
기본연산
Check-Book으로
준비 학습

2단계
사고력 유형으로
진도 학습

3단계
마무리 문제로
점검 학습

1단계 : 기본연산 Check-Book으로 사고력 연산을 위한 준비 학습을 합니다.
2단계 : 사고력 유형으로 사고력 연산의 진도 학습을 합니다.
3단계 : 한 주마다 점검 학습(잘 공부했는지 알아봅시다)으로 사고력 향상을 확인합니다.

학습 구성

6세

1호	10까지의 수
2호	더하기 빼기 1과 2
3호	합이 9까지인 덧셈
4호	한 자리 수의 뺄셈과 세 수의 계산

7세

1호	한 자리 수의 덧셈과 뺄셈
2호	10 만들기
3호	50까지의 수
4호	더하기 빼기 1과 2, 10과 20

초등 1

1호	덧셈구구
2호	뺄셈구구와 덧셈, 뺄셈 혼합
3호	100까지의 수, 1000까지의 수
4호	받아올림, 받아내림 없는 두 자리 수의 계산

초등 2

1호	두 자리 수와 한 자리 수의 덧셈과 뺄셈
2호	두 자리 수의 덧셈과 뺄셈
3호	곱셈구구
4호	곱셈과 나눗셈 구구

초등 3

1호	세·네 자리 수의 덧셈과 뺄셈
2호	분수와 소수의 기초
3호	두 자리 수의 곱셈과 나눗셈
4호	분수

초등 4

1호	분수의 덧셈과 뺄셈
2호	혼합 계산
3호	소수의 덧셈과 뺄셈
4호	어림하기

이 책의 학습 로드맵

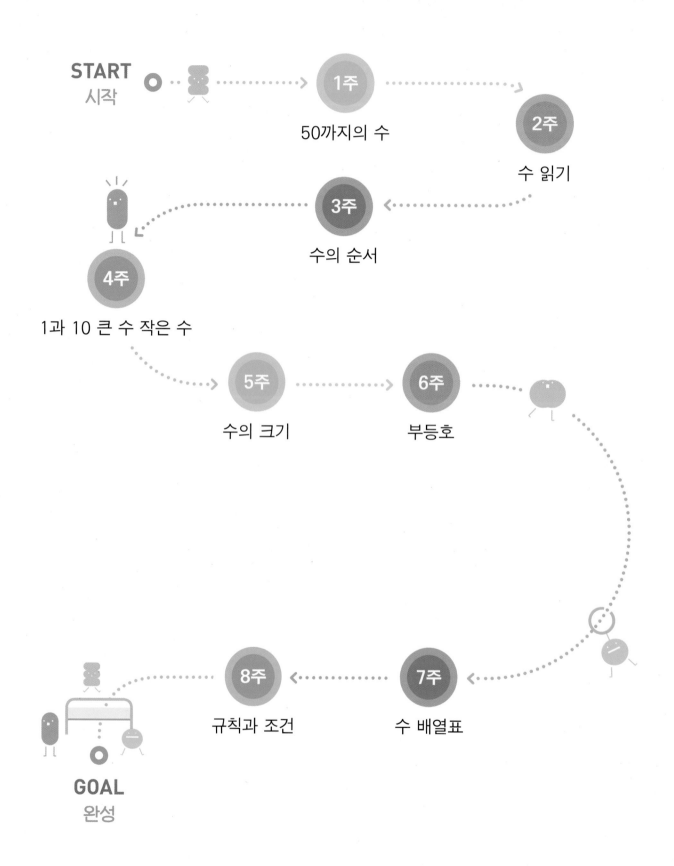

START
시작

1주
50까지의 수

2주
수 읽기

3주
수의 순서

4주
1과 10 큰 수 작은 수

5주
수의 크기

6주
부등호

7주
수 배열표

8주
규칙과 조건

GOAL
완성

1

50까지의 수

공

◑ 몇 개입니까?

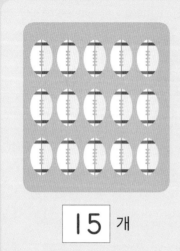

| 15 | 개

①

| | 개

②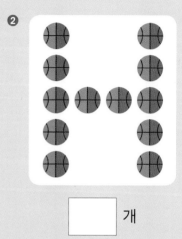

| | 개

③

| | 개

④

| | 개

⑤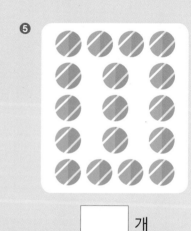

| | 개

⑥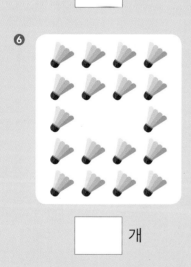

| | 개

⑦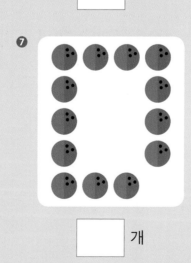

| | 개

⑧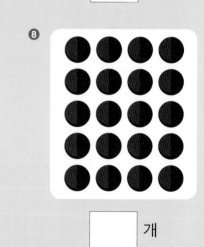

| | 개

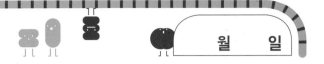

✛ 몇 개입니까?

❶

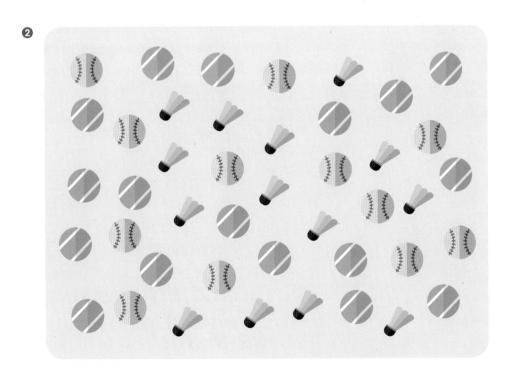

🏀 : 17 개

⚽ : ☐ 개

🏐 : ☐ 개

❷

⚾ : ☐ 개

🏸 : ☐ 개

🎾 : ☐ 개

묶어 세기

● 몇 개입니까? 빈칸에 알맞은 수를 써넣으시오.

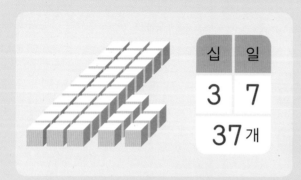

십	일
3	7
37개	

❶

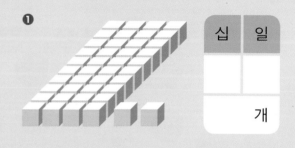

십	일
개	

❷

십	일
개	

❸

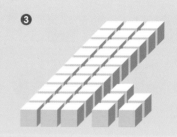

십	일
개	

❹

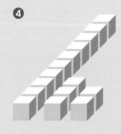

십	일
개	

❺

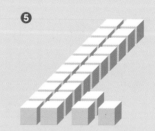

십	일
개	

❻

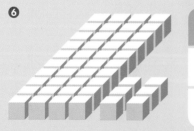

십	일
개	

❼

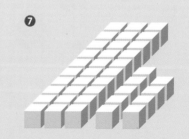

십	일
개	

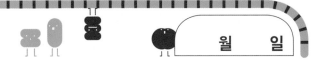

⊕ 몇 개입니까? 10개씩 묶어 세시오.

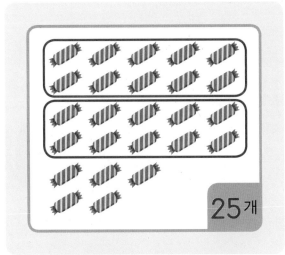

25개

❶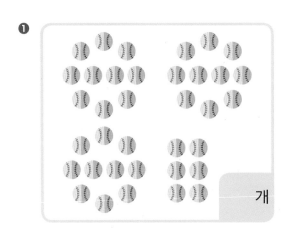

개

❷

개

❸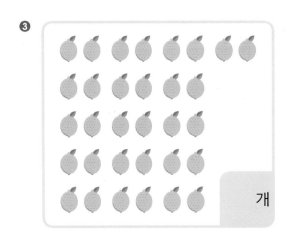

개

❹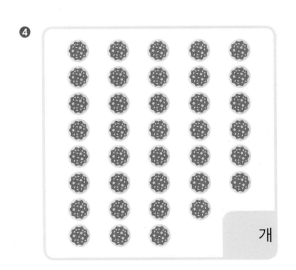

개

❺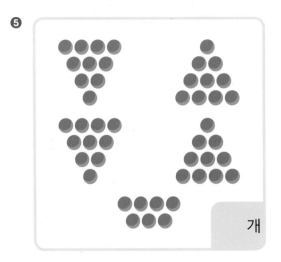

개

생일초

❶ 생일인 사람의 나이를 쓰시오.

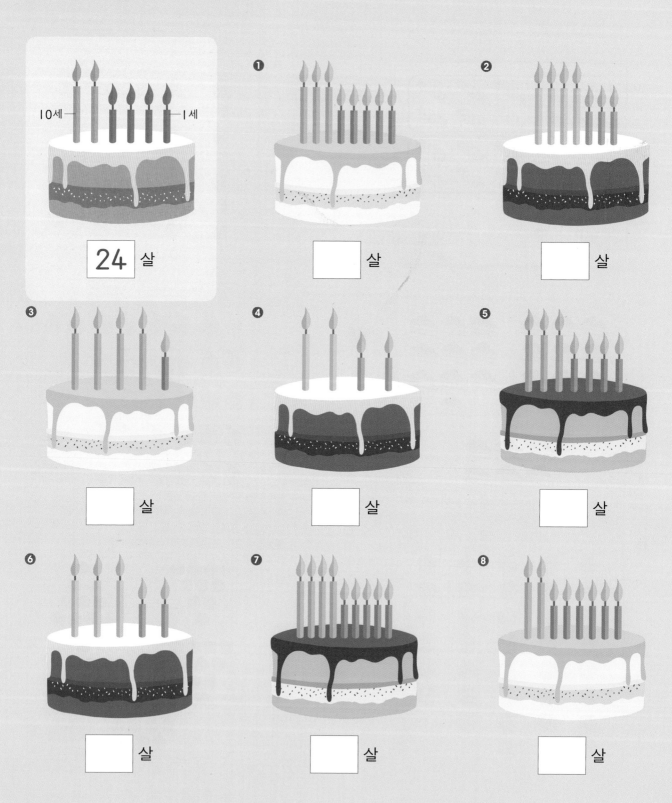

10세 — | 세

24 살

❶ [ ] 살

❷ [ ] 살

❸ [ ] 살

❹ [ ] 살

❺ [ ] 살

❻ [ ] 살

❼ [ ] 살

❽ [ ] 살

➕ 나이에 맞게 필요한 초에 /표 하시오.

❶
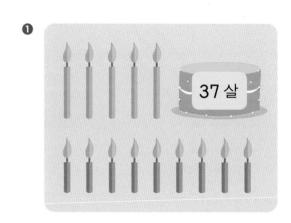

❷
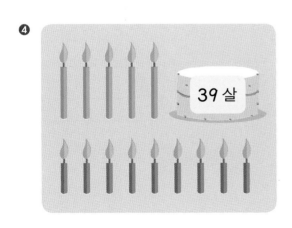

❸
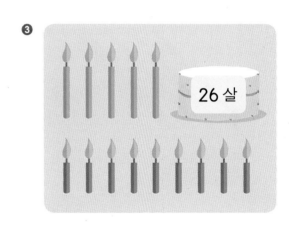

❹

❺
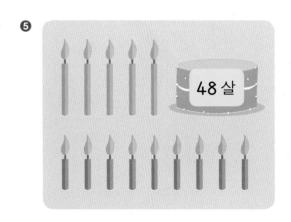

묶음과 낱개

❶ 그림을 보고 빈칸에 알맞은 수를 써넣으시오.

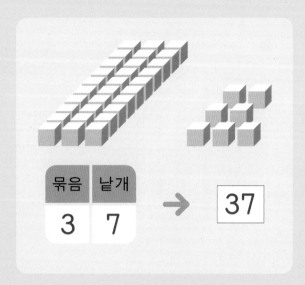

묶음	낱개
3	7

→ 37

❶
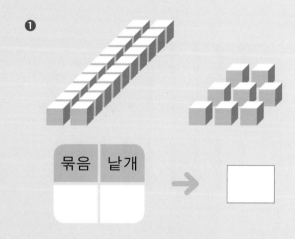

묶음	낱개

→ ☐

❷
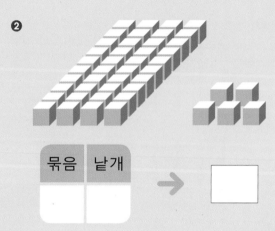

묶음	낱개

→ ☐

❸
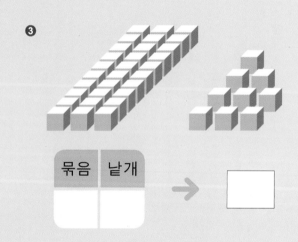

묶음	낱개

→ ☐

❹
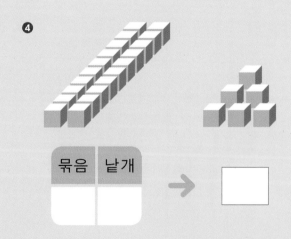

묶음	낱개

→ ☐

❺
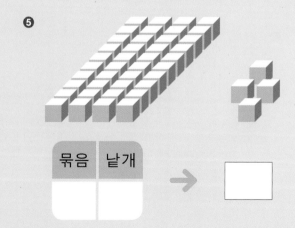

묶음	낱개

→ ☐

✜ 빈칸에 알맞은 수를 써넣으시오.

10개씩 2묶음과 낱개가 7개이면 27 입니다.

묶음	낱개
2	7

➡ 27

❶ 38은 10개씩 ☐ 묶음과 낱개가 ☐ 개 입니다.

묶음	낱개

➡ ☐

❷ 10개씩 ☐ 묶음과 낱개가 ☐ 개이면 49입니다.

묶음	낱개

➡ ☐

❸ ☐ 은 10개씩 1묶음과 낱개가 7개 입니다.

묶음	낱개

➡ ☐

❹ 10개씩 3묶음과 낱개가 2개이면 ☐ 입니다.

묶음	낱개

➡ ☐

❺ ☐ 은 10개씩 2묶음과 낱개가 1개 입니다.

묶음	낱개

➡ ☐

1 몇 개입니까?

❶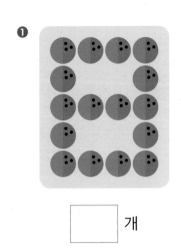

☐ 개

❷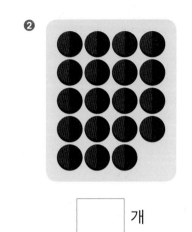

☐ 개

2 10개씩 묶어 세시오. 몇 개입니까?

☐ 개

3 빈칸에 알맞은 수를 써넣으시오.

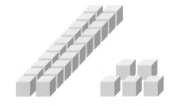

16

수 읽기

가지 읽기

◑ 선으로 연결된 수를 빈칸에 써넣으시오.

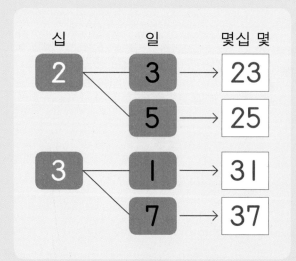

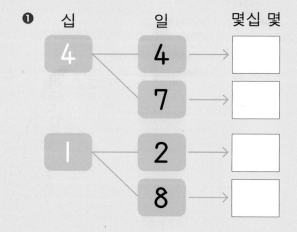

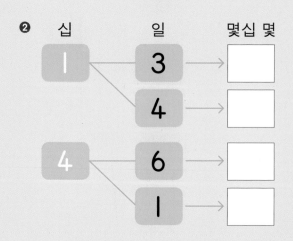

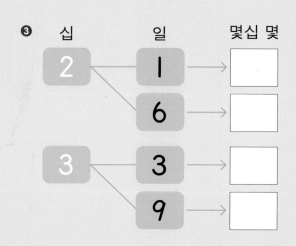

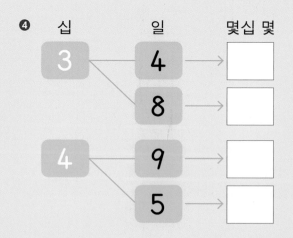

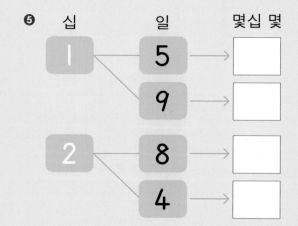

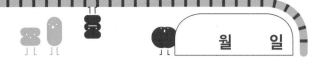

선으로 연결된 수를 읽고, 빈칸에 알맞은 수를 써넣으시오.

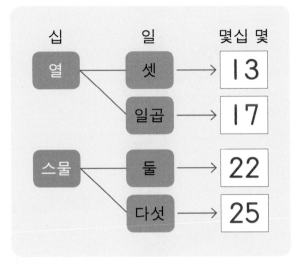

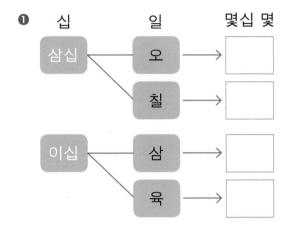

❷
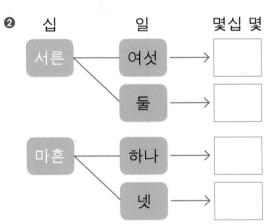

❸
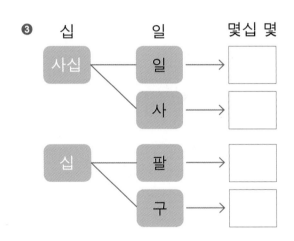

❹
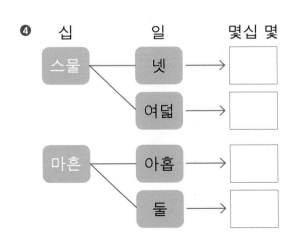

❺
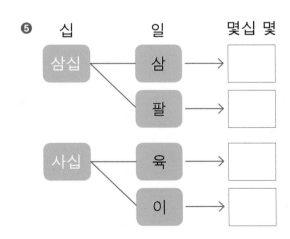

자동차 길

◑ 바르게 읽어 선을 그으시오.

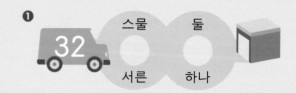

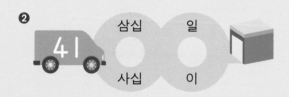

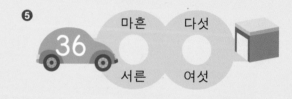

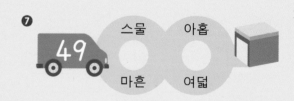

➕ 바르게 읽어 선을 그으시오.

삼십일　서른일
31
삼십이　서른하나

❶

십넷　열사
14
십사　열넷

❷

삼십삼　마흔셋
43
사십삼　마흔넷

❸

삼십팔　서른여덟
38
삼십여덟　서른팔

❹

십구　열아홉
19
십칠　열구

❺

이십이　스물이
22
이십일　스물둘

❻

삼십칠　서른칠
37
이십칠　서른일곱

❼

삼십일　스물하나
21
이십일　스물둘

❽

이십육　스물여섯
26
삼십육　스물육

❾

사십육　서른다섯
45
사십오　마흔다섯

잘못된 읽기

관계 있는 것끼리 선으로 이으시오.

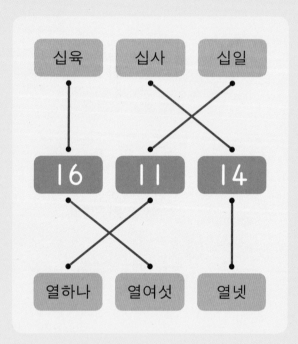

❶

❷

❸
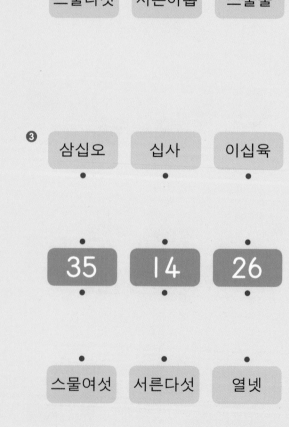

✦ 수를 틀리게 읽은 것을 찾아 바르게 고치시오.

열하나	스물여섯
~~마흔삼~~	삼십칠

마흔셋, 사십삼

➊

열일	삼십사
스물일곱	사십칠

➋

사십삼	열일곱
서른넷	십다섯

➌

이십오	십아홉
스물여덟	서른일곱

➍

마흔칠	십일
스물둘	삼십오

➎

삼십육	마흔넷
스물오	십사

➏

서른여섯	삼십구
이십이	열팔

➐

십이	서른칠
스물다섯	사십팔

수 읽기

● 밑줄친 말을 숫자로 쓰시오.

지웅이 누나는 <u>열다섯</u>살입니다.

15

❶ 어머니는 <u>이십오</u>년 전에 결혼하셨습니다.

❷ 진우의 생일은 삼월 <u>이십팔</u>일입니다.

❸ 아버지의 연세는 <u>마흔일곱</u>입니다.

❹ 동물원에 오리가 <u>서른아홉</u> 마리 있습니다.

❺ <u>사십오</u>분 후에 영화가 시작합니다.

❻ 색종이가 <u>서른다섯</u> 장 있습니다.

❼ 크리스마스는 <u>십이</u>월에 있습니다.

❽ 진우는 수영대회에서 <u>십일</u>등을 하였습니다.

❾ 학교 축구선수인 형의 등번호는 <u>삼십삼</u>번입니다.

❿ 이 빌딩은 <u>삼십육</u>층까지 있습니다.

⓫ 우리 집에 동화책이 <u>서른다섯</u> 권 있습니다.

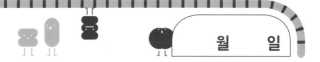

⊕ 밑줄친 수를 바르게 읽은 것에 ◯표 하시오.

승수의 형은 **17**살입니다.

((열일곱) , 십칠)

❶ 올해 여름 방학은 **28**일입니다.

(스물여덟 , 이십팔)

❷ 우리집 아파트는 **15**층까지 있습니다.

(열다섯 , 십오)

❸ 농장에 오리가 **10**마리가 있습니다.

(열 , 십)

❹ 내 생일은 **11**월에 있습니다.

(열하나 , 십일)

❺ 학교에 **8**시 **30**분까지 등교합니다.

(서른 , 삼십)

❻ 달리기 대회에서 **17**등을 하였습니다.

(열일곱 , 십칠)

❼ 내 등번호는 **42**번입니다.

(마흔둘 , 사십이)

❽ 냉장고에 음료수가 **19**병 있습니다.

(열아홉 , 십구)

❾ 색연필이 **28**자루 있습니다.

(스물여덟 , 이십팔)

❿ 우리집에서 도서관까지 **35**분 걸립니다.

(서른다섯 , 삼십오)

⓫ **10**월 마지막 날은 **31**일입니다.

(서른하나 , 삼십일)

잘 공부했는지 알아봅시다

1 선으로 연결된 수를 빈칸에 써넣으시오.

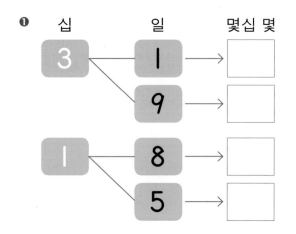

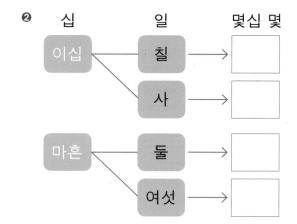

2 관계있는 것끼리 선으로 이으시오.

3 밑줄친 수를 바르게 읽은 것에 ○표 하시오.

축구 경기에서 내 등번호는 **39**번입니다.

삼십구, 서른아홉

3 수의 순서

수 잇기

● 큰 수 또는 작은 수부터 수의 순서에 맞게 차례로 선을 이으시오.

시작	37	27
	38	39
	48	40	끝

❶

시작	16	17
	15	18
	20	19	끝

❷

시작	23	27
	24	28
	25	26	끝

❸

시작	19	20
	18	21
	23	22	끝

❹

시작	41	45
	42	43
	40	44	끝

❺

시작	33	29
	34	30
	35	36	끝

시작	24	23
	19	22
	30	21	끝

❻

시작	31	35
	30	29
	40	28	끝

❼

시작	49	45
	48	49
	47	46	끝

❽

시작	22	23
	21	20
	24	19	끝

❾

시작	17	18
	16	19
	15	14	끝

❿

시작	40	39
	41	38
	42	37	끝

 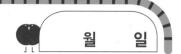

➕ 큰 수 또는 작은 수부터 수의 순서에 맞게 차례로 선을 이으시오.

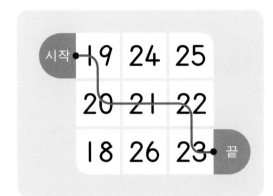

❶
시작	42	41	37
43	40	36
44	39	38	끝

❷
시작	27	28	24
26	29	23
25	30	31	끝

❸
시작	25	26	27
24	23	22
29	28	21	끝

❹
시작	38	39	40
37	36	41
34	35	42	끝

❺
시작	33	34	35
32	37	36
31	30	29	끝

❻
시작	45	44	43
46	47	41
42	48	49	끝

❼
시작	21	20	22
23	19	24
25	18	17	끝

수의 순서

● 빈칸에 알맞은 수를 써넣으시오.

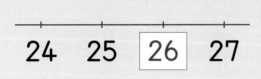

24 25 26 27

❶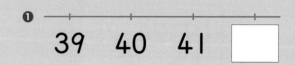

39 40 41 ☐

❷

13 ☐ 15 16

❸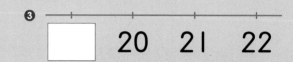

☐ 20 21 22

❹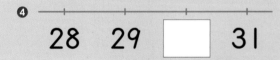

28 29 ☐ 31

❺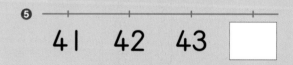

41 42 43 ☐

❻

45 ☐ 47 48

❼

☐ 18 19 20

❽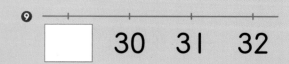

38 39 ☐ 41

❾

☐ 30 31 32

➕ 빈칸에 알맞은 수를 써넣으시오.

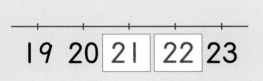
19 20 **21** **22** 23

❶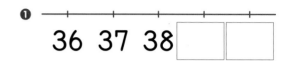
36 37 38 ☐ ☐

❷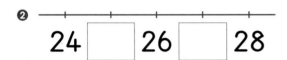
24 ☐ 26 ☐ 28

❸
40 41 ☐ 43 ☐

❹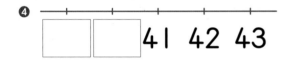
☐ ☐ 41 42 43

❺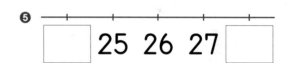
☐ 25 26 27 ☐

❻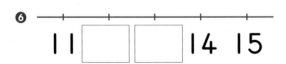
11 ☐ ☐ 14 15

❼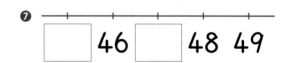
☐ 46 ☐ 48 49

❽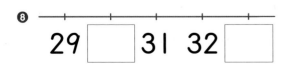
29 ☐ 31 32 ☐

❾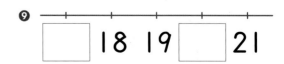
☐ 18 19 ☐ 21

그림 완성

◑ ● 안의 수부터 앞으로 세어 점을 연결하시오.

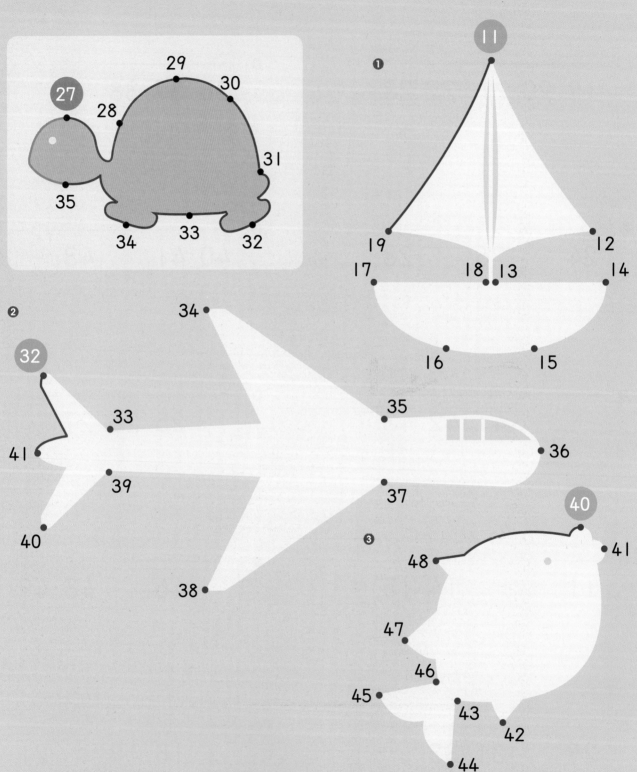

월   일

✜ ● 안의 수부터 거꾸로 세어 점을 연결하시오.

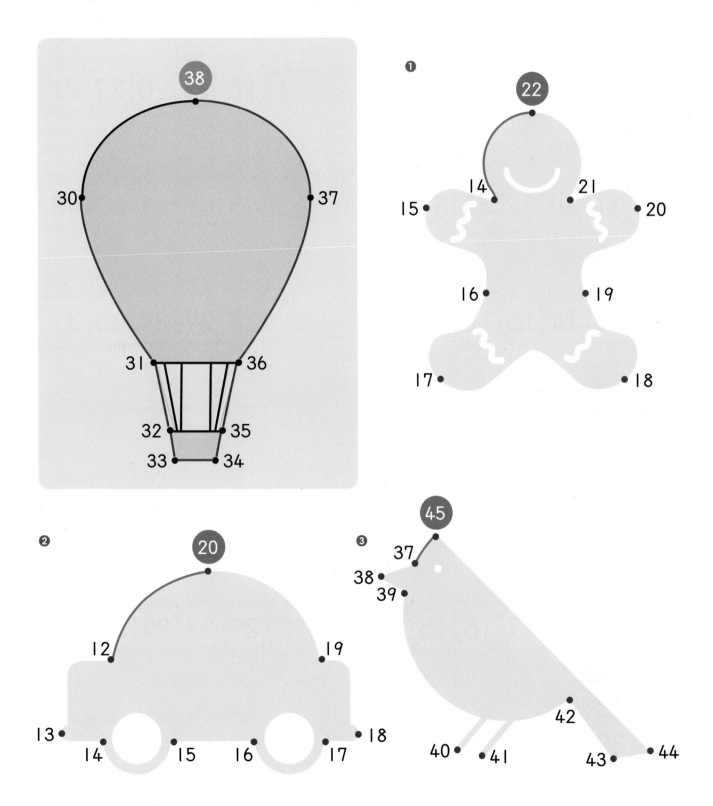

❶

❷

❸

204 볼넘버

● 작은 수부터 순서에 맞게 쓴 것입니다. 잘못 들어간 수에 ×표 하시오.

24 25 ~~34~~ 26 27

❶ 18 19 20 22 21

❷ 31 30 32 33 34

❸ 45 46 49 47 48

❹ 13 14 15 18 16

❺ 28 27 29 30 31

● 큰 수부터 순서에 맞게 쓴 것입니다. 잘못 들어간 수에 ×표 하시오.

21 ~~22~~ 20 19 18

❻ 32 31 33 30 29

❼ 18 17 19 16 15

❽ 29 28 27 30 26

❾ 39 38 37 35 36

❿ 43 44 42 41 40

34

월   일

⬢ 공에 쓰인 수가 작은 수부터 순서대로 써넣으시오.

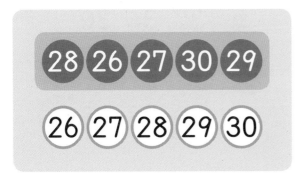

❶
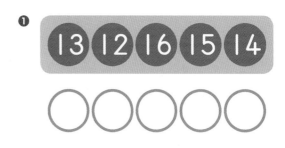

❷
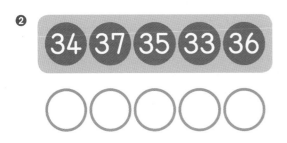

❸
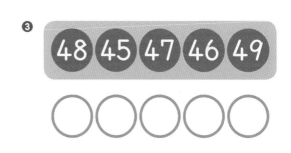

⬢ 공에 쓰인 수가 큰 수부터 순서대로 써넣으시오.

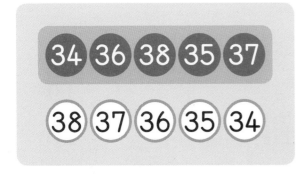

❹
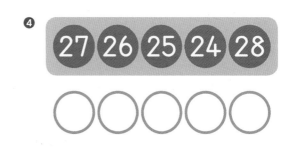

❺

❻
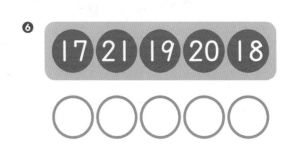

1 수의 순서에 맞게 차례로 선을 이으시오.

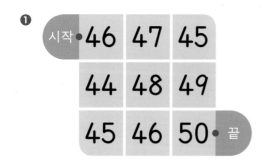

❶ 시작 · 46 47 45
　　　44 48 49
　　　45 46 50 · 끝

❷ 시작 · 32 34 30
　　　31 33 26
　　　30 29 28 · 끝

2 빈칸에 알맞은 수를 써넣으시오.

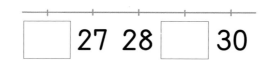

☐ 27 28 ☐ 30

3 빈칸에 알맞은 수를 써넣으시오.

7	8			12			16	17
								19
		38	39	41				20
4	36					45		21
3			50	49	47			
2								
1		32	30		27			

4

1과 10
큰 수 작은 수

1 큰 수 1 작은 수

● 수직선을 보고 빈칸에 알맞은 수를 써넣으시오.

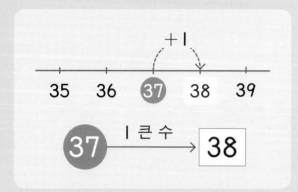

①
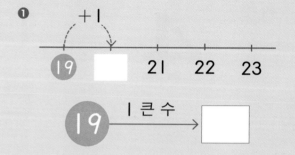

②
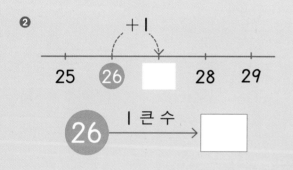

③
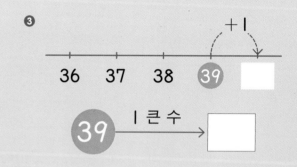

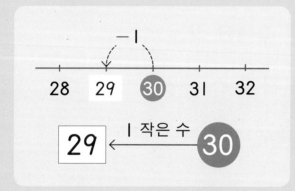

④
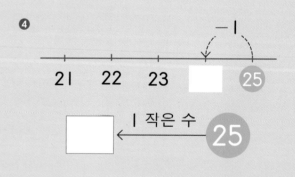

⑤
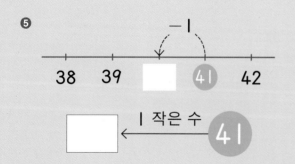

⑥
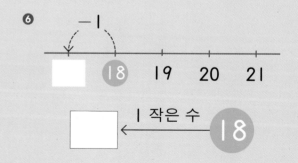

⊕ I 큰 수와 I 작은 수를 써넣으시오.

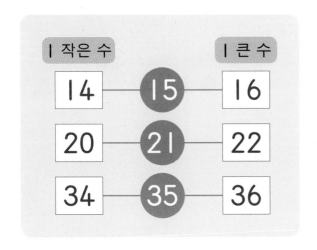

I 작은 수		I 큰 수
14	15	16
20	21	22
34	35	36

❶
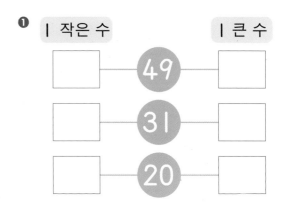

I 작은 수		I 큰 수
	49	
	31	
	20	

❷
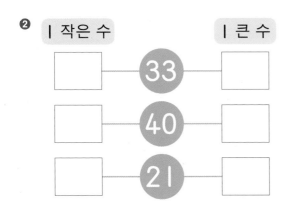

I 작은 수		I 큰 수
	33	
	40	
	21	

❸

I 작은 수		I 큰 수
	42	
	17	
	36	

❹
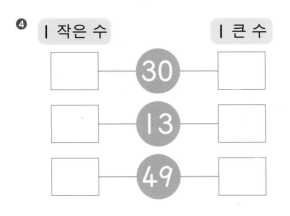

I 작은 수		I 큰 수
	30	
	13	
	49	

❺
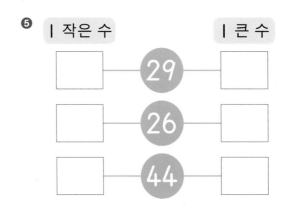

I 작은 수		I 큰 수
	29	
	26	
	44	

10 큰 수 10 작은 수

◑ ⑩ 하나를 그리고 **10** 큰 수를 쓰시오.

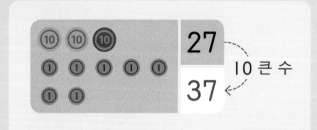

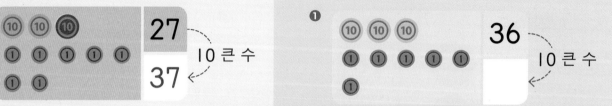

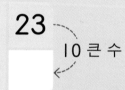

◑ ⑩ 하나를 /로 지우고 **10** 작은 수를 쓰시오.

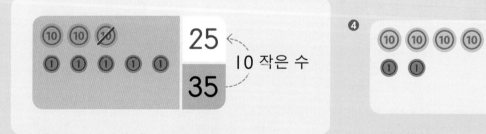

● 빈칸에 알맞은 수를 써넣으시오.

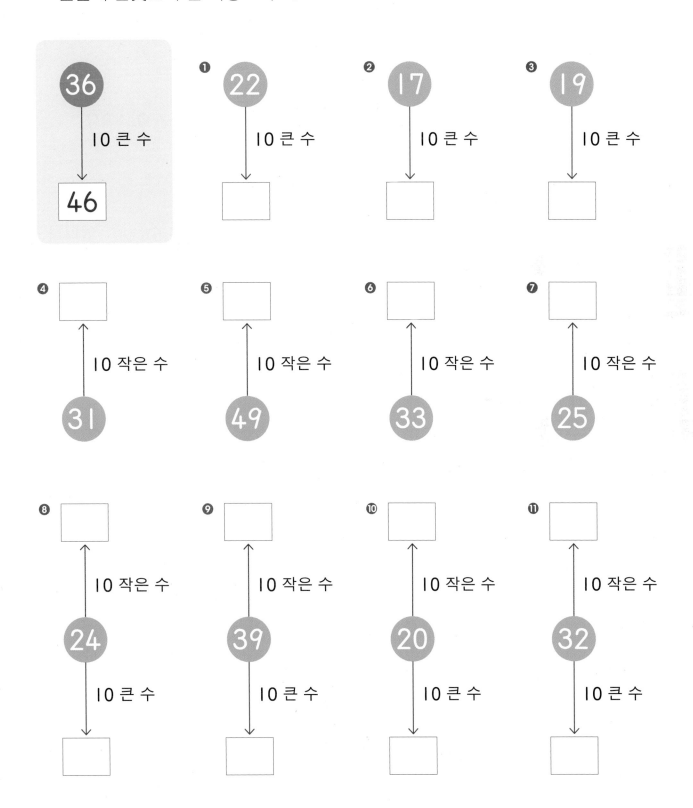

36
10 큰 수
46

❶ 22
10 큰 수

❷ 17
10 큰 수

❸ 19
10 큰 수

❹
10 작은 수
31

❺
10 작은 수
49

❻
10 작은 수
33

❼
10 작은 수
25

❽
10 작은 수
24
10 큰 수

❾
10 작은 수
39
10 큰 수

❿
10 작은 수
20
10 큰 수

⓫
10 작은 수
32
10 큰 수

큰 수 작은 수 문장

❶ 빈칸에 알맞은 수를 찾아 ○표 하시오.

30보다 1 작은 수는 ☐ 입니다.

31　㉙　20　40

❶ 29보다 10 큰 수는 ☐ 입니다.

33　44　49　39

❷ 27보다 1 큰 수는 ☐ 입니다.

28　30　38　22

❸ 47보다 10 작은 수는 ☐ 입니다.

23　52　37　41

❹ 15보다 1 작은 수는 ☐ 입니다.

16　25　5　14

❺ 38보다 10 큰 수는 ☐ 입니다.

28　48　39　37

❻ 40보다 1 큰 수는 ☐ 입니다.

39　80　41　50

❼ 23보다 10 작은 수는 ☐ 입니다.

13　22　23　33

❽ 50보다 1 작은 수는 ☐ 입니다.

40　49　48　30

❾ 11보다 10 큰 수는 ☐ 입니다.

10　20　12　21

✚ 빈칸에 알맞은 수를 써넣으시오.

36은 **35** 보다 1 크고, **37** 보다 1 작습니다.

1 ☐ 은 26보다 1 크고, ☐ 보다 1 작습니다.

2 29는 ☐ 보다 10 크고, ☐ 보다 10 작습니다.

3 ☐ 는 25보다 10 크고, ☐ 보다 10 작습니다.

4 28은 ☐ 보다 1 크고, ☐ 보다 1 작습니다.

5 ☐ 는 ☐ 보다 1 크고, 40보다 1 작습니다.

6 36은 ☐ 보다 10 크고, ☐ 보다 10 작습니다.

7 ☐ 은 ☐ 보다 10 크고, 36보다 10 작습니다.

8 41은 ☐ 보다 1 크고, ☐ 보다 1 작습니다.

화살표 규칙

● 규칙에 맞게 빈칸에 알맞은 수를 써넣으시오.

규칙

1 큰 수 →   1 작은 수 ←   10 큰 수 ↓   10 작은 수 ↑

보기 37 → 38

❶ 24 → ☐

❷ 15 → ☐

❸ ☐ ← 25

❹ ☐ ← 37

❺ ☐ ← 18

❻ 25 ↓ ☐

❼ 34 ↓ ☐

❽ 19 ↓ ☐

❾ 39 ↓ ☐

❿ ☐ ↑ 37

⓫ ☐ ↑ 26

⓬ ☐ ↑ 30

⓭ ☐ ↑ 17

월   일

⊕ 규칙에 맞게 빈칸에 알맞은 수를 써넣으시오.

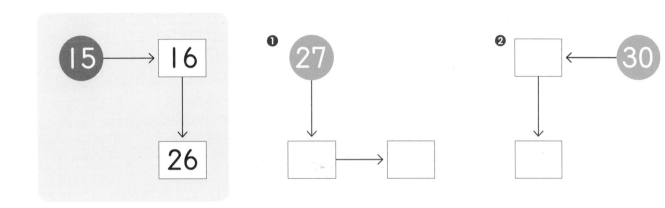

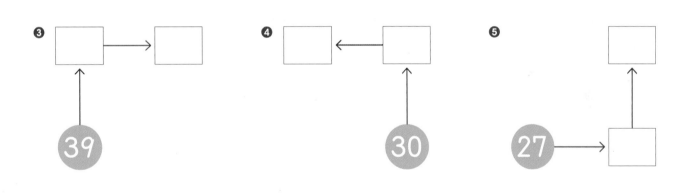

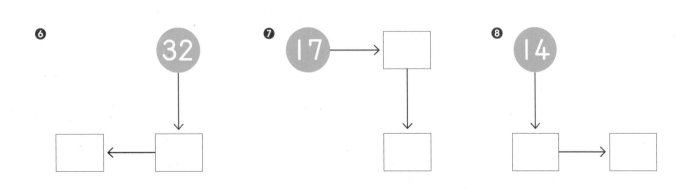

1 수직선을 보고 빈칸에 알맞은 수를 써넣으시오.

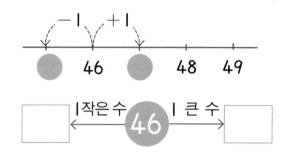

2 그림을 보고 빈칸에 알맞은 수를 써넣으시오.

3 규칙에 맞게 빈칸에 알맞은 수를 써넣으시오.

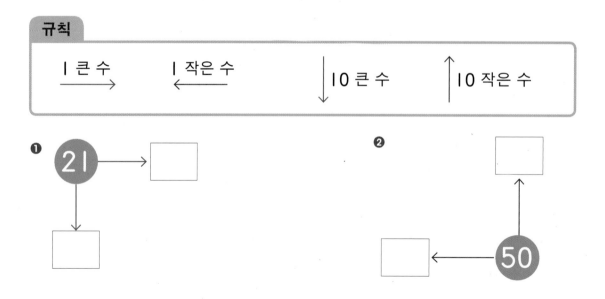

5 수의 크기

동전

지갑 속 동전이 얼마인지 쓰고, 더 큰 금액이 들어 있는 지갑에 ○표 하시오.

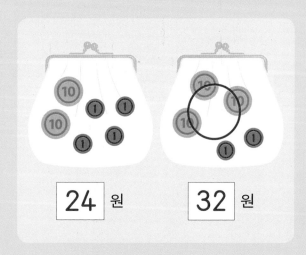

24 원   32 원

①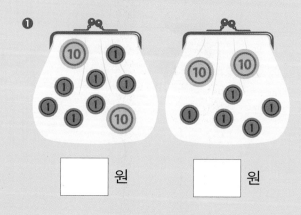

[   ] 원   [   ] 원

②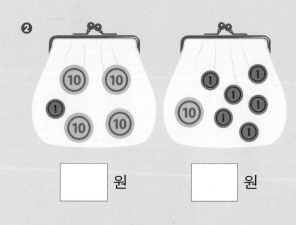

[   ] 원   [   ] 원

③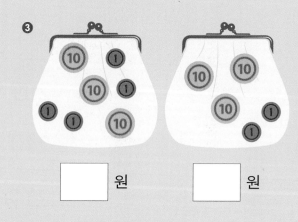

[   ] 원   [   ] 원

④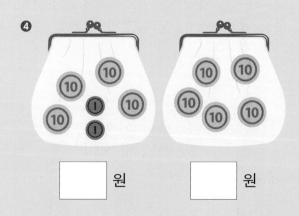

[   ] 원   [   ] 원

⑤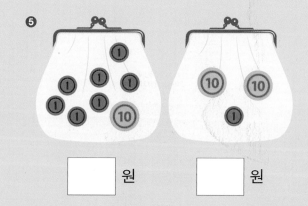

[   ] 원   [   ] 원

● 금액이 █ 안의 수보다 더 크면 ⬆, 적으면 ⬇ 에 ○표 하시오.

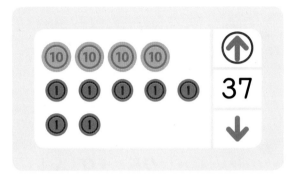

❶

❷

❸

❹

❺

❻

❼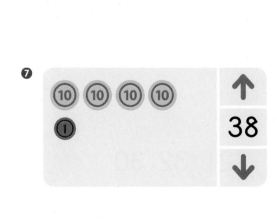

꼬리표

◑ ◯ 안의 수보다 더 큰 수에 ◯표 하시오.

17 ⑲ ㉘ 16

❶ 37 　29 38 42

❷ 42 　47 37 44

❸ 22 　25 19 41

❹ 28 　38 29 24

❺ 44 　45 38 49

◑ ◯ 안의 수보다 더 작은 수에 ◯표 하시오.

39 ㉜ ㉗ **36**

❻ 21 17 26 　24

❼ 45 24 19 　25

❽ 27 17 12 　19

❾ 21 32 30 　31

❿ 41 37 50 　48

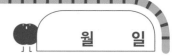
⊕ 왼쪽에는 작은 수, 오른쪽에는 큰 수가 들어갑니다. 알맞은 수에 ○표 하시오.

⑫ 25 ㉔ 30   ㉑   20 ㉓ 19 ㉚

❶ 40 24 37 33   35   41 32 37 29

❷ 15 23 10 18   17   14 24 13 19

❸ 48 50 42 30   44   47 42 49 37

❹ 25 14 29 32   27   19 28 20 30

❺ 37 39 42 29   38   46 37 40 28

❻ 22 26 31 13   24   21 25 23 33

대소 비교

● 선으로 연결된 두 수의 크기를 비교하여 큰 수를 쓰시오.

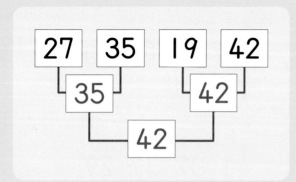

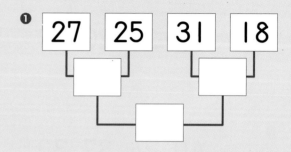

❶

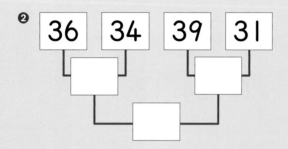

❷

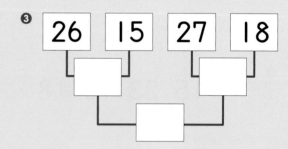

❸

● 선으로 연결된 두 수의 크기를 비교하여 작은 수를 쓰시오.

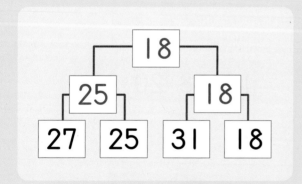

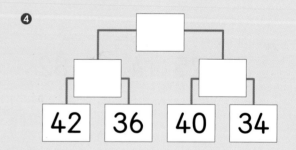

❹

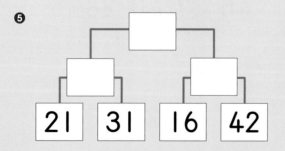

❺

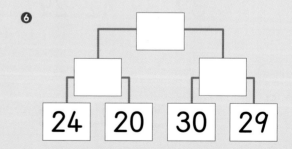

❻

수의 크기를 비교하여 가장 큰 수는 ◇에, 가장 작은 수는 ○에 써넣으시오.

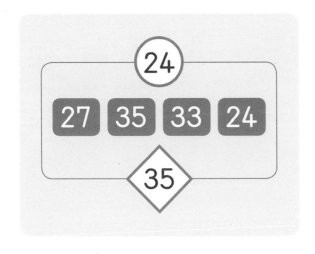

❶
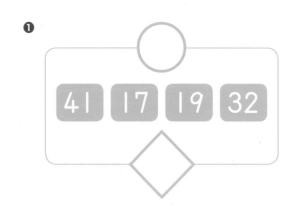

❷
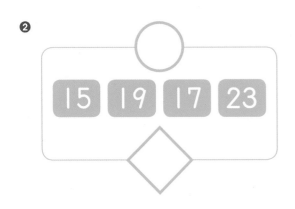

❸
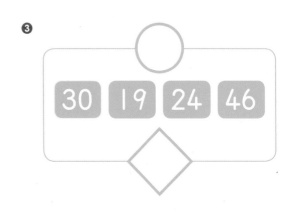

❹
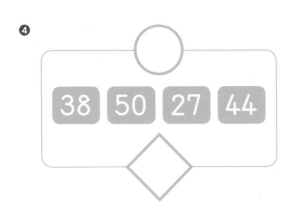

❺
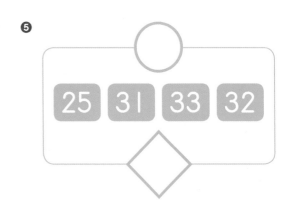

사고셈 ● 53

사다리와 공

● 수의 크기 순으로 공에 쓰인 수를 빈칸에 알맞게 써넣으시오.

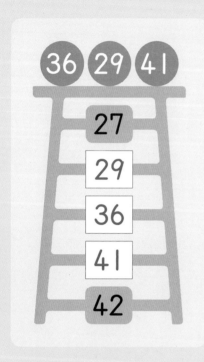

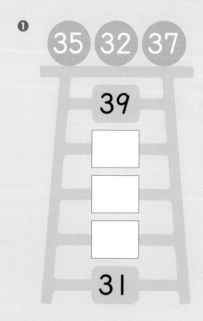

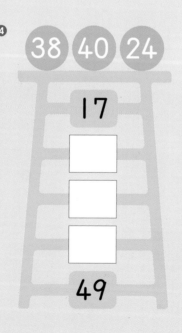

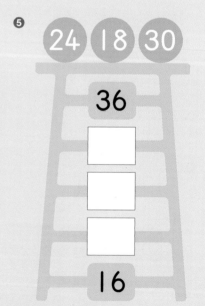

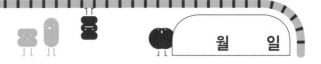

➕ 수의 크기 순으로 빈칸에 알맞은 수를 써넣으시오.

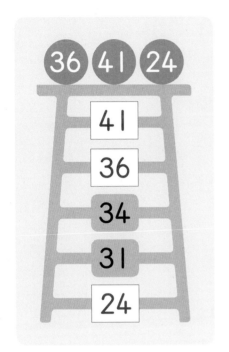

41
36
34
31
24

❶

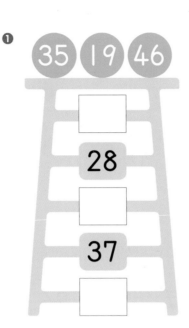

28
37

❷

29
14

❸

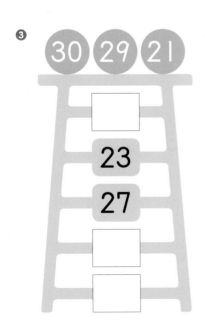

23
27

❹

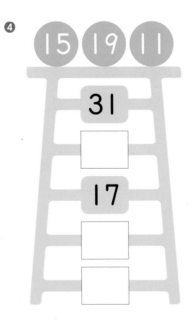

31
17

❺

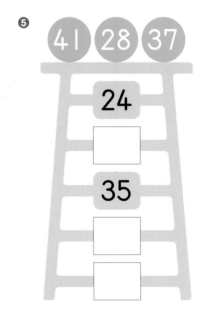

24
35

1 지갑 속의 동전이 얼마인지 쓰고, 더 큰 금액이 들어 있는 지갑에 ○표 하시오.

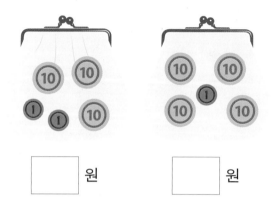

　　　원　　　　　　　원

2 선으로 연결된 두 수의 크기를 비교하여 큰 수를 쓰시오.

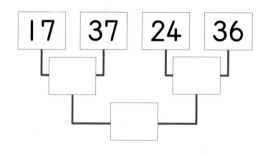

3 　 안의 수를 작은 수부터 차례로 쓰시오.

❶ 19 15 21

❷ 27 34 22

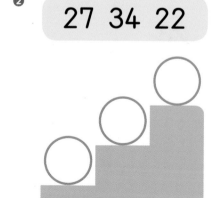

6 부등호

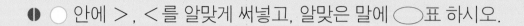

213 부등호 넣기

● ◯ 안에 >, <를 알맞게 써넣고, 알맞은 말에 ◯표 하시오.

34 ⟨ 37

34는 37보다 (큽니다, 작습니다).

❶ 29 ◯ 15

29는 15보다 (큽니다, 작습니다).

❷ 25 ◯ 21

25는 21보다 (큽니다, 작습니다).

❸ 32 ◯ 41

32는 41보다 (큽니다, 작습니다).

❹ 40 ◯ 46

40은 46보다 (큽니다, 작습니다).

❺ 27 ◯ 14

27은 14보다 (큽니다, 작습니다).

❻ 17 ◯ 16

17은 16보다 (큽니다, 작습니다).

❼ 29 ◯ 33

29는 33보다 (큽니다, 작습니다).

❽ 36 ◯ 31

36은 31보다 (큽니다, 작습니다).

❾ 14 ◯ 41

14는 41보다 (큽니다, 작습니다).

✚ ◯ 안에 >, <를 알맞게 써넣으시오.

15 ⧀ 24
24 ⧁ 15

❶ 27 ◯ 23
23 ◯ 27

❷ 41 ◯ 15
15 ◯ 41

❸ 24 ◯ 41
41 ◯ 24

❹ 35 ◯ 29
29 ◯ 35

❺ 36 ◯ 49
49 ◯ 36

❻ 47 ◯ 32
32 ◯ 47

❼ 19 ◯ 17
17 ◯ 19

❽ 15 ◯ 27
27 ◯ 15

❾ 36 ◯ 19
19 ◯ 36

❿ 46 ◯ 49
49 ◯ 46

⓫ 16 ◯ 40
40 ◯ 16

수 넣기

◑ >, <에 알맞게 두 수를 써넣으시오.

36	>	27

36 27

❶ ☐ < ☐

25 24

❷ ☐ > ☐

19 21

❸ ☐ < ☐

41 15

❹ ☐ > ☐

40 49

❺ ☐ < ☐

25 35

❻ ☐ > ☐

13 21

❼ ☐ < ☐

27 31

❽ ☐ > ☐

36 33

❾ ☐ < ☐

17 27

❿ ☐ > ☐

25 29

⓫ ☐ < ☐

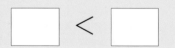
14 42

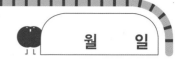
✛ ＞, ＜에 알맞게 세 수를 써넣으시오.

24 ＜ 25 ＜ 36

25 　 24 　 36

❶ ▢ ＞ ▢ ＞ ▢

44 　 41 　 43

❷ ▢ ＜ ▢ ＜ ▢

16 　 36 　 26

❸ ▢ ＞ ▢ ＞ ▢

27 　 39 　 48

❹ ▢ ＜ ▢ ＜ ▢

38 　 40 　 37

❺ ▢ ＞ ▢ ＞ ▢

45 　 32 　 37

❻ ▢ ＜ ▢ ＜ ▢

20 　 19 　 30

❼ ▢ ＞ ▢ ＞ ▢

36 　 43 　 27

사이의 수

● 사이의 수를 빈칸에 써넣으시오.

24와 28 사이의 수

24 | 25 | 26 | 27 | 28

❶ **19와 23 사이의 수**

19 | | | | 23

❷ **37과 41 사이의 수**

37 | | | | 41

❸ **28과 32 사이의 수**

28 | | | | 32

❹ **44와 48 사이의 수**

44 | | | | 48

❺ **12와 16 사이의 수**

12 | | | | 16

❻ **32와 36 사이의 수**

32 | | | | 36

❼ **26과 30 사이의 수**

26 | | | | 30

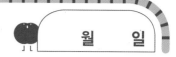
⊕ 빈칸에 들어갈 수를 찾아 모두 ◯표 하시오.

32 < ☐ < 37

41 ㊱ ㉞ 38 31

❶ 38 < ☐ < 45

40 49 36 42 37

❷ 11 < ☐ < 18

10 12 16 19 20

❸ 18 < ☐ < 26

21 35 24 17 19

❹ 12 < ☐ < 21

11 30 25 14 20

❺ 40 < ☐ < 48

35 41 29 46 49

❻ 27 < ☐ < 35

34 36 40 26 28

❼ 21 < ☐ < 30

22 29 31 20 19

마일스톤

● 조건에 맞는 두 수에 ○표 하시오.

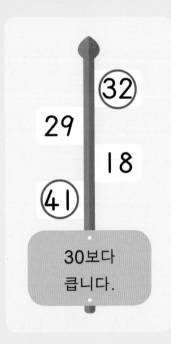

32
29
18
41

30보다 큽니다.

❶

19
36
27
23

25보다 작습니다.

❷

23
24
18
14

12와 20 사이의 수입니다.

❸

17
31
13
24

20보다 작습니다.

❹

29
38
35
41

37보다 큽니다.

❺

26
32
37
21

25와 35 사이의 수입니다.

⊕ 빈칸에 들어갈 수 있는 세 수에 ○표 하시오.

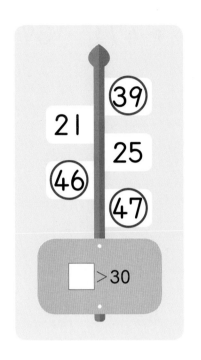

(39) 21 25 (46) (47)

□ > 30

❶

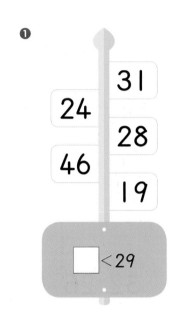

31 24 28 46 19

□ < 29

❷

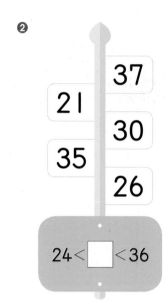

37 21 30 35 26

24 < □ < 36

❸

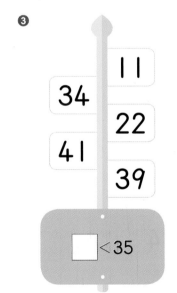

11 34 22 41 39

□ < 35

❹

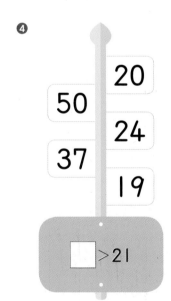

20 50 24 37 19

□ > 21

❺

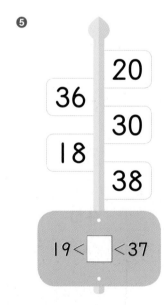

20 36 30 18 38

19 < □ < 37

월   일

1 ○ 안에 >, <를 알맞게 써넣으시오.

❶ 29 ◯ 26   ❷ 14 ◯ 41   ❸ 47 ◯ 39

2 >, <에 알맞게 세 수를 써넣으시오.

☐ > ☐ > ☐

32 26 19

3 조건에 맞는 수에 모두 ◯표 하시오.

❶
43
37
50
46
42

42보다
큽니다.

❷
44
31
29
26
34

28과 40 사이
의 수 입니다.

7

수 배열표

수 배열표 무늬

● 수 배열표의 일부입니다. 색칠된 빈칸에 알맞은 수를 써넣으시오.

25	26	27	28	29
35	36	37	38	39
45	46	47	48	49

❶

	13		15	
22		24		26
	33		35	

❷

11				15
21	22		24	25
	32		34	

❸

16	17		19	20
36	37		39	40

❹

1		3
21		23
31		33

❺

	19	
	29	
38		40
	49	

❻

5		7
15		17
	36	

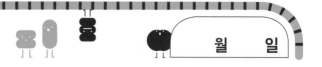

⊕ 수 배열표의 일부입니다. 색칠된 빈칸에 알맞은 수를 써넣으시오.

	4	5	6	7
13	14		16	
	24		26	

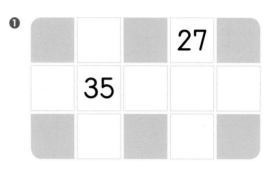

❶
			27	
	35			

❷
	26			29

❸
		24		
				46

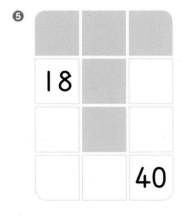

❹
	13	
42		

❺
18		
		40

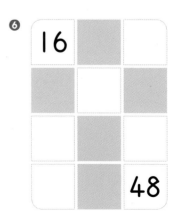

❻
16		
		48

펜토미노 수 배열

● 수 배열표의 일부입니다. 색칠된 빈칸에 알맞은 수를 써넣으시오.

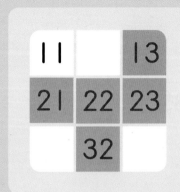

①

		7
	26	

②

		39
47		

③

18		
	39	

④

23		
	34	

⑤

2		
		14

⑥

		27
45		

⑦

	23	
42		

⑧

	29	
	49	

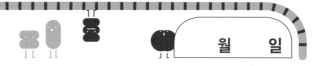

● 펜토미노 수 배열입니다. 빈칸에 알맞은 수를 써넣으시오.

❶
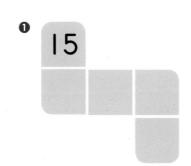

❷
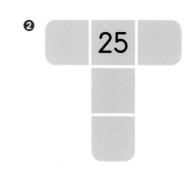

❸
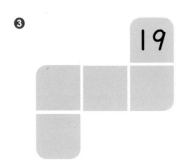

❹
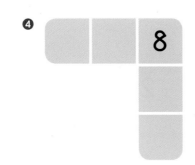

❺
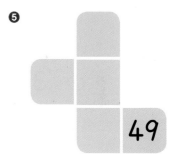

❻
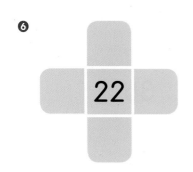

❼
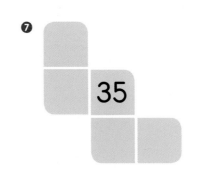

❽
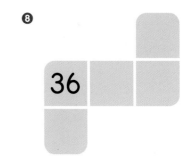

대각선 수 배열

● 대각형 방향 수 배열입니다. 색칠된 빈칸에 알맞은 수를 써넣으시오.

①

	40	

②

31		

③

	30	

④

27		

⑤

	8	

⑥

16			

⑦

	36		

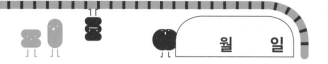

수 배열표의 일부입니다. 색칠된 빈칸에 알맞은 수를 써넣으시오.

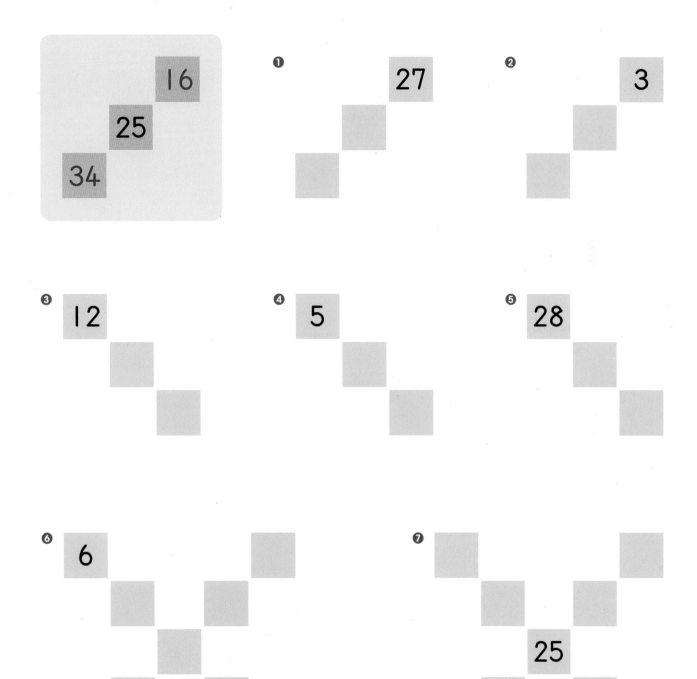

격자 배열

● 가로줄은 일의 자리, 세로줄은 십의 자리 숫자입니다. 빈칸을 채우시오.

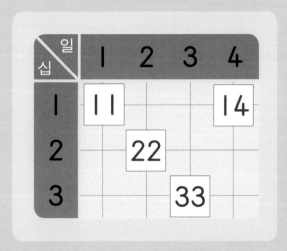

❶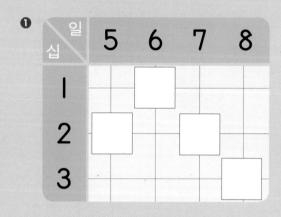

❷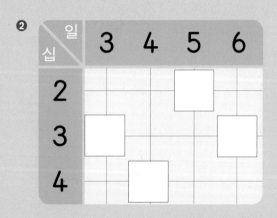

❸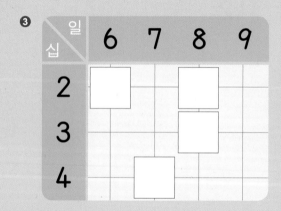

❹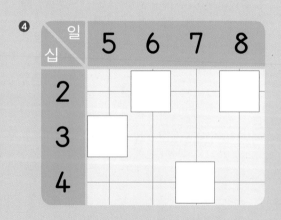

❺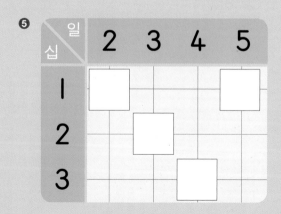

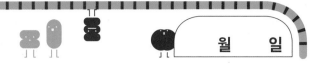

⊕ 오른쪽 수에 맞게 점을 표시하고 순서대로 점을 이어 그림을 완성하시오.

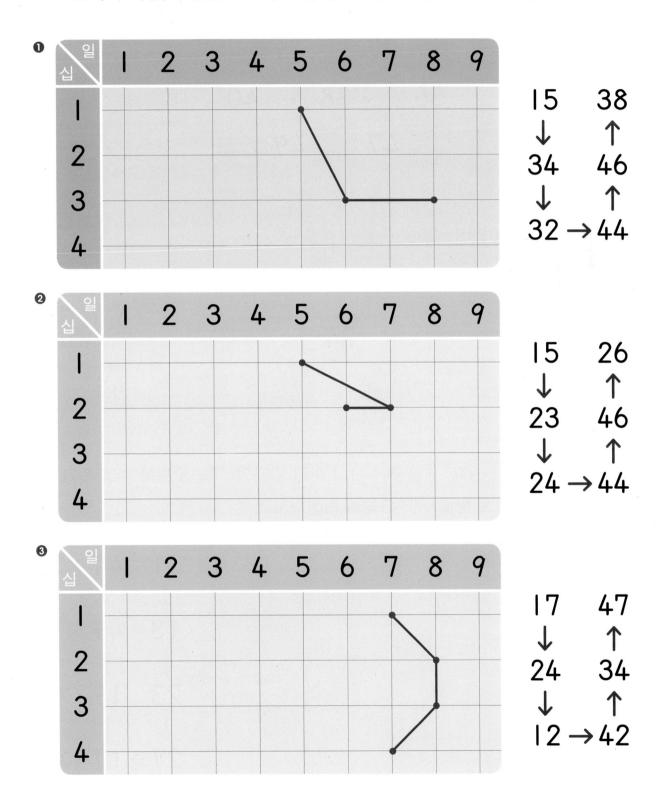

❶

15 → 38
↓   ↑
34   46
↓   ↑
32 → 44

❷

15   26
↓   ↑
23   46
↓   ↑
24 → 44

❸

17   47
↓   ↑
24   34
↓   ↑
12 → 42

1 수 배열표의 일부입니다. 칠해진 빈칸에 알맞은 수를 써넣으시오.

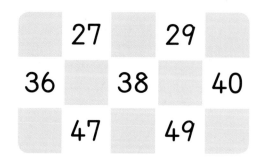

2 수 배열표 조각의 빈칸에 알맞은 수를 써넣으시오.

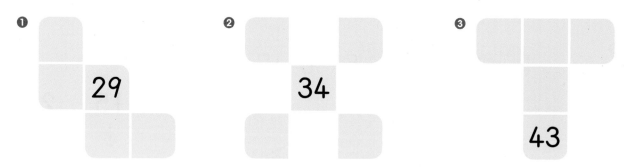

3 가로줄은 일의 자리 숫자, 세로줄은 십의 자리 숫자입니다. 오른쪽 수에 맞게 점을 표시하고 순서대로 점을 이어 그림을 완성하시오.

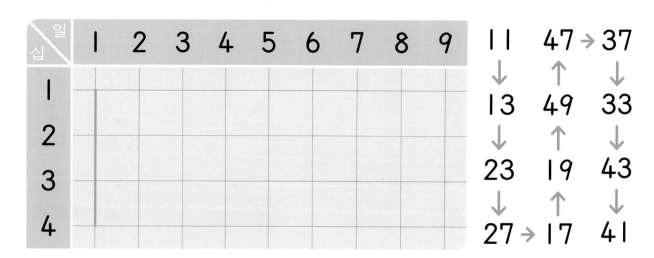

8 규칙과 조건

뛰어 세기

● ● 안의 수만큼 뛰어 세시오.

(보기) 5

10	15	20	22	26
12	14	25	30	28
22	16	27	35	40

❶ 2

20	21	31	41	45
22	23	33	43	48
24	26	28	30	32

❷ 3

27	30	32	34	37
24	33	36	38	40
21	35	39	42	45

❸ 4

16	15	19	22	25
20	24	28	33	37
23	29	32	36	40

❹ 5

6	11	16	22	25
10	14	21	27	32
15	19	26	31	36

❺ 2

7	8	20	14	12
9	11	13	15	16
10	22	16	17	19

✛ ▧ 안의 수에서 시작하여 ⬤ 안의 수만큼 뛰어 세시오.

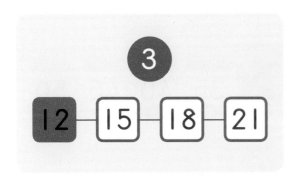

❶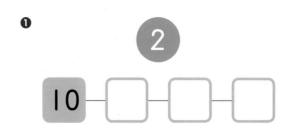

❷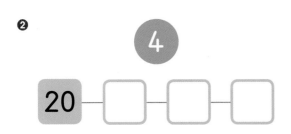

❸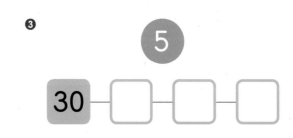

❹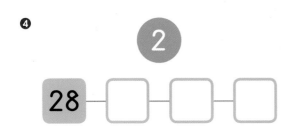

❺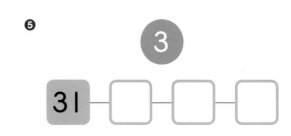

❻

❼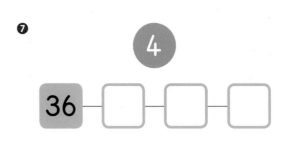

8칸 기차

뛰어 세기 규칙에 맞게 빈칸에 알맞은 수를 써넣으시오.

5씩 커집니다. | 15 | 20 | 25 | 30 | 35 | 40 | 45 | 50

❶

3씩 작아집니다. | 33 | 30 | 27 | 24

❷

2씩 커집니다. | 36 | 38 | 40 | 42

❸

5씩 작아집니다. | 47 | 42 | 37 | 32

❹

4씩 커집니다. | 20 | 24 | 28 | 32

뛰어 세기 규칙을 찾아 ◯표 하고, 빈칸에 알맞은 수를 써넣으시오.

2 씩 커집니다.
씩 (작아집니다.)
28 26 24 22 20 18 16 14

❶

씩 커집니다.
씩 작아집니다.
11 16 21 26

❷
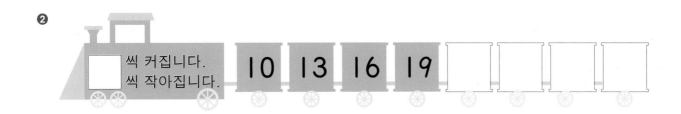

씩 커집니다.
씩 작아집니다.
10 13 16 19

❸
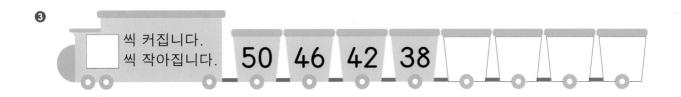

씩 커집니다.
씩 작아집니다.
50 46 42 38

❹

씩 커집니다.
씩 작아집니다.
22 24 26 28

홀짝 수 배열

◑ 수를 쓰고, 둘씩 짝을 지어 모두 짝을 이루면 짝수, 아니면 홀수에 ○표 하시오.

 8 (홀수 , (짝수))

 9 ((홀수) , 짝수)

❶ [ ] (홀수 , 짝수)   [ ] (홀수 , 짝수)

❷ [ ] (홀수 , 짝수)   [ ] (홀수 , 짝수)

❸ [ ] (홀수 , 짝수)   [ ] (홀수 , 짝수)

❹ [ ] (홀수 , 짝수)   [ ] (홀수 , 짝수)

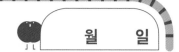

➕ 짝수에 ○표 하시오.

1	②	3	④	5
11	⑫	13	⑭	15

❶

6	7	8	9	10
16	17	18	19	20

❷

21	22	23	24	25
31	32	33	34	35
41	42	43	44	45

❸

26	27	28	29	30
36	37	38	39	40
46	47	48	49	50

➕ 홀수에 ○표 하시오.

①	2	③	4	⑤
⑪	12	⑬	14	⑮

❹

6	7	8	9	10
16	17	18	19	20

❺

21	22	23	24	25
31	32	33	34	35
41	42	43	44	45

❻

26	27	28	29	30
36	37	38	39	40
46	47	48	49	50

홀짝 애드벌룬

알맞은 수에 ○표 하시오.

보기
③ ㉑
70 40
홀수

❶
9   31
22 14
짝수

❷
10   16
23   41
홀수

❸
42   17
26   35
짝수

❹
44   13
25   22
홀수

❺
4   12
33   45
짝수

❻
18   47
36   27
홀수

❼
8   37
19   28
짝수

❽
20   7
29   38
홀수

✚ 알맞은 수를 쓰시오.

| 10보다 크고 20보다 작은 홀수 | 11, 13, 15, 17, 19 |

❶ 35보다 크고 45보다 작은 짝수

❷ 20과 30 사이의 홀수

❸ 30보다 크고 40보다 작은 짝수

❹ 5보다 크고 15보다 작은 홀수

❺ 15와 25 사이의 짝수

❻ 38보다 크고 47보다 작은 짝수

❼ 23보다 크고 35보다 작은 홀수

잘 공부했는지 알아봅시다

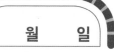
1 뛰어 세기 규칙에 맞게 빈칸에 알맞은 수를 써넣으시오.

2 ☐ 안의 수 중 조건에 맞는 수에 ○표 하시오.

짝수

1	2	3	4	5
11	12	13	14	15
21	22	23	24	25
31	32	33	34	35
41	42	43	44	45

3 조건에 맞는 수를 모두 쓰시오.

❶ **20**과 **30** 사이의 홀수

❷ **40**보다 크고 **48**보다 작은 짝수

MEMO

MEMO

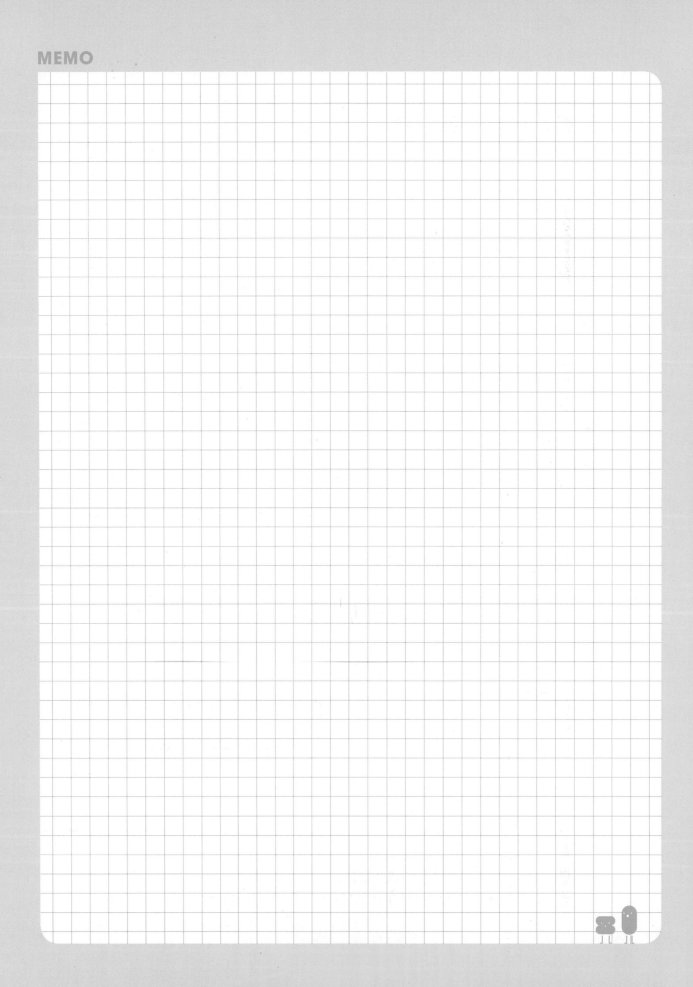

사고력

정답 및 해설
Guide Book

7세 3호
50까지의 수

NE능률

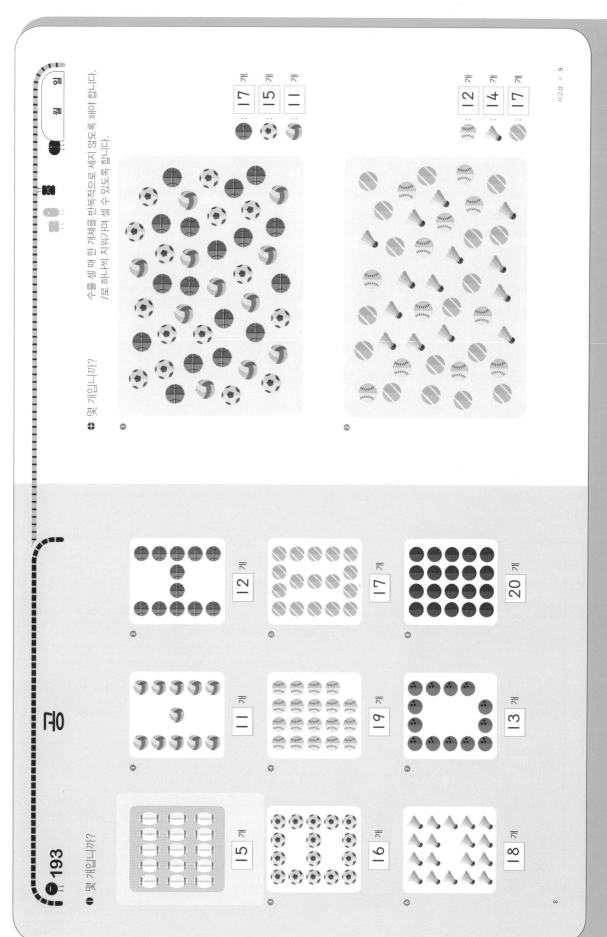

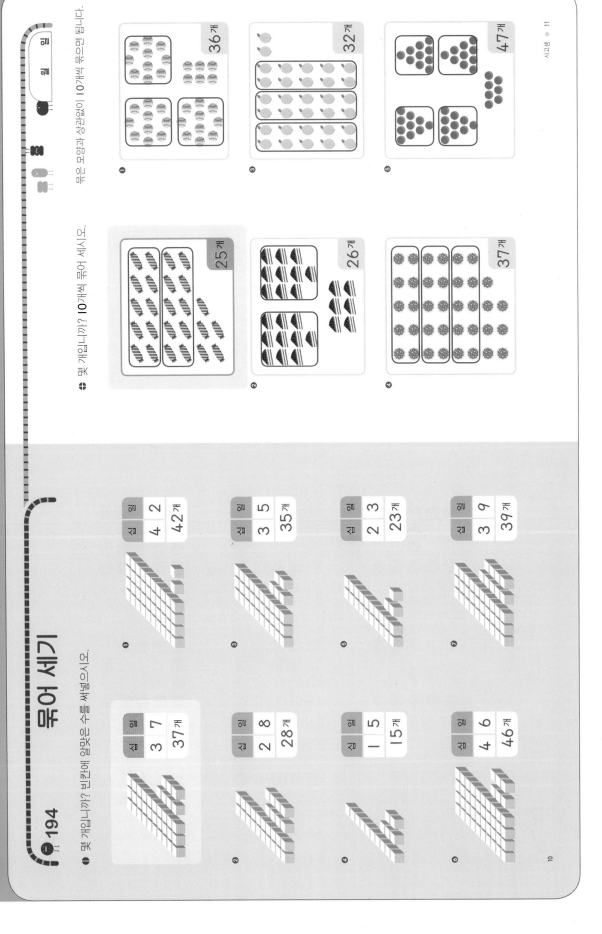

생일초

195

● 생일인 사람의 나이를 쓰시오.

 24 살

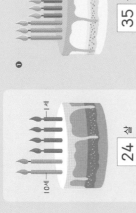 35 살

 43 살

41 살

22 살

34 살

32 살

45 살

26 살

나이에 맞게 필요한 초에 O표 하시오.

큰 초는 10 묶음을 나타내고, 작은 초는 낱개를 나타냅니다.

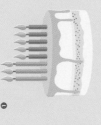 28 살

 37 살

 46 살

26 살

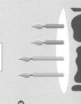 39 살

48 살

1 주차

묶음과 낱개

196

● 그림을 보고 빈칸에 알맞은 수를 세넣으시오.

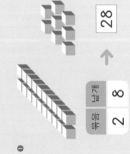

① 묶음 2 | 낱개 8 → 28

③ 묶음 3 | 낱개 9 → 39

⑤ 묶음 4 | 낱개 4 → 44

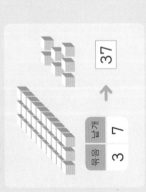

묶음 3 | 낱개 7 → 37

② 묶음 4 | 낱개 5 → 45

④ 묶음 2 | 낱개 6 → 26

월 일

● 빈칸에 알맞은 수를 세넣으시오.

묶음 2 | 낱개 7 → 27

10개씩 2묶음과 낱개가 7개이면 27 입니다.

① 묶음 3 | 낱개 8 → 38

38은 10개씩 3 묶음과 낱개가 8 개입니다.

② 묶음 4 | 낱개 9 → 49

10개씩 4 묶음과 낱개가 9 개이면 49입니다.

③ 묶음 1 | 낱개 7 → 17

17 은 10개씩 1묶음과 낱개가 7개입니다.

④ 묶음 3 | 낱개 2 → 32

10개씩 3묶음과 낱개가 2개이면 32입니다.

⑤ 묶음 2 | 낱개 1 → 21

21 은 10개씩 2묶음과 낱개가 1개입니다.

잘 공부했는지 알아봅시다

월 일

1 몇 개입니까?

① 16 개

② 19 개

2 10개씩 묶어 세시오. 몇 개입니까?

 33 개

3 빈칸에 알맞은 수를 써넣으시오.

묶음	낱개
2	5

→ 25

② 주차

197 가지 읽기

● 선으로 연결된 수를 빈칸에 써넣으시오.

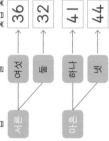
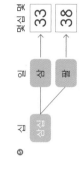

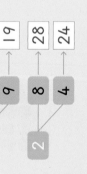

수를 읽는 방법은 '일, 이, 삼, …, 십, 이십, 삼십, …'과 같이 한자로 읽거나 '하나, 둘, 셋, …, 열, 스물, 서른, …'과 같이 우리말이 있습니다. 2가지 방법이 있습니다. 순서수로 나타낼 때에는 우리말 수사에 '~째'를 붙여 말합니다. 단, 맨 처음을 말할 때에는 '첫째'라고 합니다.

자동차 길

일 198회

월 일

● 바르게 읽어 선을 그으시오.

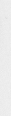           

● 바르게 읽어 선을 그으시오.

수를 읽을 때 우리말과 한자를 섞어서 읽지 않도록 해야 합니다. '열 사'는 우리말 '열'과 한자 '사'가 섞여 있어 잘못 읽는 경우입니다.

② 주차

199 잘못된 읽기

● 관계 있는 것끼리 선으로 이으시오.

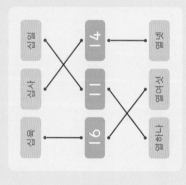

❶
이십이 → 22 → 서른아홉
삼십구 → 39 → 스물둘
이십오 → 25 → 스물다섯

❷
이십팔 → 28 → 마흔다섯
삼십이 → 32 → 스물여덟
사십오 → 45 → 서른둘
사십사 · 삼십이 · 이십팔

❸
이십육 → 26 → 열넷
심사 → 14 → 서른다섯
삼십오 → 35 → 스물여섯

(왼쪽 카드)
십일 → 14 → 열넷
심사 → 11 → 열여섯
심육 → 16 → 열하나

◆ 수를 틀리게 읽은 것을 찾아 바르게 고치시오.

수를 읽을 때 우리말과 한자를 섞어서 읽지 않도록 해야 합니다. '마흔 삼'는 우리말 '마흔'과 한자 '삼'이 섞여 있어 잘못 읽은 경우입니다. 우리말 '마흔셋' 또는 한자 '사십삼'이라고 읽어야 합니다.

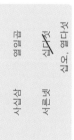

❶
열하나, 스물여섯
마흔삼
마흔셋, 사십삼

❷
사십삼, 열일곱
서른넷
십오, 열다섯

❹
마흔셋, 심일
마흔일곱, 사십칠
스물둘

❻
서른여섯, 삼십구
이십이
열여덟, 심팔 ~~열팔~~

❸
~~열일~~ 열, 심삼사
열하나, 심일   사십칠
스물일곱

❺
심구, 열아홉
~~십사마흔~~
스물여덟   서른일곱

❼
삼십육, 심심
삼십오   심사
~~스물오~~
스물다섯, 이십오

❽
십이
~~서른일~~ 서른일곱, 삼십칠
스물다섯   사십팔

수 읽기

⊕ 200

● 밑줄친 말을 숫자로 쓰시오.

지웅이 누나는 열다섯 살입니다. **15**

① 진우의 생일은 삼월 이십팔일입니다. **28**

② 동물원에 오리가 서른아홉 마리 있습니다. **39**

③ 색종이가 서른다섯 장 있습니다. **35**

④ 진우는 수영대회에서 십일등을 하였습니다. **11**

⑤ 이 빌딩은 삼십육층까지 있습니다. **36**

④ 어머니는 이십오년 전에 결혼하셨습니다. **25**

③ 아버지의 연세는 마흔일곱입니다. **47**

⑤ 사십오분 후에 영화가 시작합니다. **45**

⑥ 크리스마스는 십이월에 있습니다. **12**

⑨ 학교 축구선수인 형의 등번호는 삼십삼번입니다. **33**

⑩ 우리 집에 동화책이 서른다섯 권 있습니다. **35**

◆ 밑줄친 수를 바르게 읽는 것에 ○표 하시오.

수를 언제 우리말로 읽는지 한자로 읽는지에 대한 원칙은 명확하지 않습니다. 다만 우리의 생활 속에서 사용하는 일반적인 규칙에 따르는 수밖에 없습니다. 개수를 셀 때에는 우리말을 쓰는 것이 일반적이고, 단위가 있는 경우에는 대체로 한자로 읽습니다.

승우의 형은 17살입니다. (⃝열일곱 · 십칠)

① 올해 여름 방학은 28일입니다. (스물여덟 · ⃝이십팔)

② 우리집 아파트는 15층까지 있습니다. (열다섯 · ⃝십오)

③ 농장에 오리가 10마리가 있습니다. (⃝열 · 십)

④ 내 생일은 11월에 있습니다. (열하나 · ⃝십일)

⑤ 학교에 8시 30분까지 등교합니다. (서른 · ⃝삼십)

⑥ 달리기 대회에서 17등을 하였습니다. (열일곱 · ⃝십칠)

⑦ 내 등번호는 42번입니다. (마흔둘 · ⃝사십이)

⑧ 색연필이 28자루 있습니다. (⃝스물여덟 · 이십팔)

⑨ 냉장고에 음료수가 19병 있습니다. (⃝열아홉 · 십구)

⑩ 10월 마지막 날은 31일입니다. (서른하나 · ⃝삼십일)

② 주차

잘 공부했는지 알아봅시다

월   일

1 선으로 연결된 수를 빈칸에 써넣으시오.

❶
십	일		몇십 몇
3	1	→	31
	9	→	39
	8	→	18
1	5	→	15

❷
십	일		몇십 몇
이십	칠	→	27
	사	→	24
마흔	둘	→	42
	여섯	→	46

2 관계있는 것끼리 선으로 이으시오.

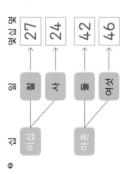

3 밑줄친 수를 바르게 읽은 것에 ○표 하시오.

축구 경기에서 내 등번호는 **39**번입니다.

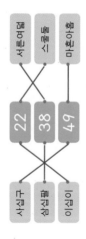

(삼십구 서른아홉)

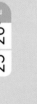

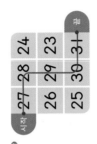
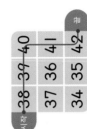
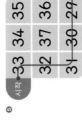
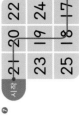

수 잇기

201

● 큰 수 또는 작은 수부터 수의 순서에 맞게 차례로 선을 이으시오.

37에서 시작한 앞으로 세기입니다.

24에서 시작한 거꾸로 세기입니다.

◆ 큰 수 또는 작은 수부터 수의 순서에 맞게 차례로 선을 이으시오.

19에서 시작한 앞으로 세기입니다.

42에서 시작한 거꾸로 세기입니다.

작은 수부터 순서대로 수를 세는 방법을 앞으로 수를 세는 방법, 큰 수부터 순서대로 수를 세는 방법을 거꾸로 수를 세기라고 합니다. 어떤 수에서 출발하더라도 앞으로 세기, 거꾸로 세기를 할 수 있어야 합니다. 순서대로 수 세기는 덧셈과 뺄셈의 발달에 도움이 됩니다.

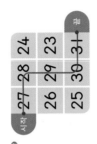

수의 순서

202

● 빈칸에 알맞은 수를 써넣으시오.

24 25 [26] 27

24에서 시작하여 앞으로 세어 붙입니다.

① 39 40 41 [42]

② 13 14 15 16

③ [19] 20 21 22

④ 28 29 [30] 31

⑤ 41 42 43 [44]

⑥ 45 46 47 48

⑦ [17] 18 19 20

⑧ 38 39 [40] 41

⑨ [29] 30 31 32

● 빈칸에 알맞은 수를 써넣으시오.

19 20 21 [22] [23]

19에서 시작하여 앞으로 세어 붙입니다.

① 36 37 38 [39] [40]

② 24 25 [26] 27 28

③ 40 41 [42] [43] 44

④ [39] 40 41 42 43

⑤ 24 25 26 27 28

⑥ 11 12 13 14 15

⑦ 45 46 [47] 48 49

⑧ 29 30 31 32 [33]

⑨ 17 18 [19] [20] 21

월 일

그림 완성

203

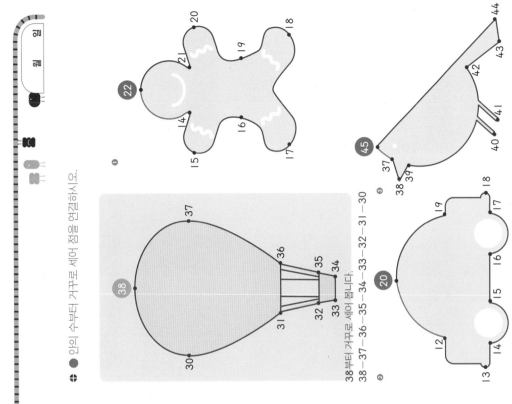

● 안의 수부터 가로로 세어 점을 연결하시오.

38부터 가로로 세어 봅니다.
38−37−36−35−34−33−32−31−30

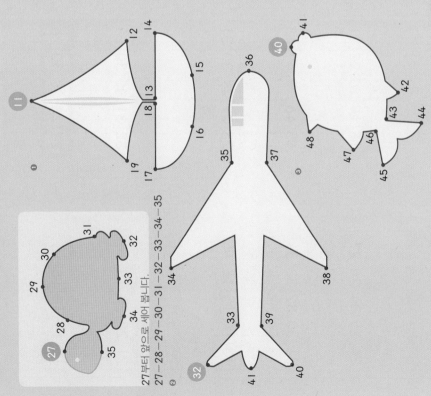

● 안의 수부터 앞으로 세어 점을 연결하시오.

27부터 앞으로 세어 봅니다.
27−28−29−30−31−32−33−34−35

3 주차

불넘버

204

● 작은 수부터 순서에 맞게 쓴 것입니다. 잘못 들어간 수에 ×표 하시오.

① 24 25 ~~34~~ 26 27
24에서 시작하여 앞으로 세어 봅니다.
24 - 25 - 26 - 27

② 31 30 32 33 34

④ 13 14 15 ~~18~~ 16

● 큰 수부터 순서에 맞게 쓴 것입니다. 잘못 들어간 수에 ×표 하시오.

⑦ 21 22 20 19 18
21에서 시작하여 거꾸로 세어 봅니다.
21 - 20 - 19 - 18

⑧ 18 17 ~~19~~ 16 15

⑨ 39 38 37 ~~35~~ 36

③ 45 46 ~~49~~ 47 48

⑤ 28 ~~27~~ 29 30 31

⑥ 32 31 ~~33~~ 30 29

⑩ 29 28 27 ~~30~~ 26

⑪ 43 ~~44~~ 42 41 40

● 공에 쓰인 수가 작은 수부터 순서대로 써넣으시오.

① 13 12 16 15 14
12 13 14 15 16

28 26 27 30 29
26 27 28 29 30
26에서 시작하여 앞으로 세어 봅니다.

③ 48 45 47 46 49
45 46 47 48 49

34 37 35 33 36
33 34 35 36 37

● 공에 쓰인 수가 큰 수부터 순서대로 써넣으시오.

④ 27 26 25 24 28
28 27 26 25 24

34 36 38 35 37
38 37 36 35 34
38에서 시작하여 거꾸로 세어 봅니다.

⑥ 17 21 19 20 18
21 20 19 18 17

42 44 43 46 45
46 45 44 43 42

잘 공부했는지 알아봅시다

월   일

1 수의 순서에 맞게 차례로 선을 이으시오.

❶

시작 46	47	45
44	48	49
45	46	50 끝

46 - 47 - 48 - 49 - 50

❷

시작 32	34	30
31	33	26
30	29	28 끝

32 - 31 - 30 - 29 - 28

2 빈칸에 알맞은 수를 써넣으시오.

26 27 28 29 30

3 빈칸에 알맞은 수를 써넣으시오.

7	8	9	10	11	12	13	14	15	16	17	18
6											19
5	37	38	39	40	41	42	43	44			20
4	36							45			21
3	35		50	49	48	47	46				22
2	34										23
1	33	32	31	30	29	28	27	26	25	24	

④ 주차

205 1 큰 수 1 작은 수

P. 38 ● P. 39

● 수직선을 보고 빈칸에 알맞은 수를 써넣으시오.

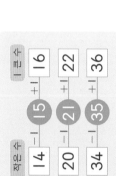

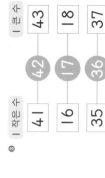

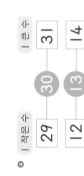

● 1 큰 수와 1 작은 수를 써넣으시오.

1 큰 수는 앞으로 셀 때 다음 수이고, 1 작은 수는 거꾸로 셀 때 다음 수입니다.

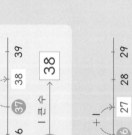

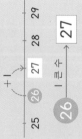

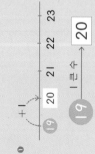

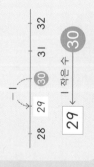

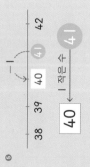

206 10 큰 수 10 작은 수

● 하나를 그리고 10 큰 수를 쓰시오.

27 → 37   10 큰 수

19 → 29   10 큰 수

36 → 46   10 큰 수

23 → 33   10 큰 수

● 하나를/로 지우고 10 작은 수를 쓰시오.

25 → 35   10 작은 수

12 → 22   10 작은 수

32 → 42   10 작은 수

39 → 49   10 작은 수

40

---

10 큰 수는 십의 자리
숫자가 1 커지고, 10 작
은 수는 십의 자리 숫자
가 1 작아집니다.

● 빈칸에 알맞은 수를 써넣으시오.

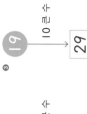

❶ 22 → 32   10 큰 수

❷ 17 → 27   10 큰 수

❸ 19 → 29   10 큰 수

❹ 21 ← 31   10 작은 수

❺ 39 ← 49   10 작은 수

❻ 23 ← 33   10 작은 수

❼ 15 ← 25   10 작은 수

❽ 14 ← 24 → 34   10 작은 수 / 10 큰 수

❾ 29 ← 39 → 49   10 작은 수 / 10 큰 수

❿ 10 ← 20 → 30   10 작은 수 / 10 큰 수

⓫ 22 ← 32 → 42   10 작은 수 / 10 큰 수

⓬ 36 → 46   10 큰 수

월 일

④ 주차   P. 42 ● P. 43

일차 207   큰 수 작은 수 문장

● 빈칸에 알맞은 수를 찾아 ○표 하시오.

30보다 I 작은 수는 □입니다.
31 ㉉ 20 40

❷ 27보다 I 큰 수는 □입니다.
㉘ 30 38 22

❹ 15보다 I 작은 수는 □입니다.
16 25 5 ⑭

❻ 40보다 I 큰 수는 □입니다.
39 80 ㊶ 50

❽ 50보다 I 작은 수는 □입니다.
40 ㊾ 48 30

❶ 29보다 I0 큰 수는 □입니다.
33 44 49 ㊴

❸ 47보다 I0 작은 수는 □입니다.
23 52 ㊲ 41

❺ 38보다 I0 큰 수는 □입니다.
28 ㊽ 39 37

❼ 23보다 I0 작은 수는 □입니다.
⑬ 22 23 33

❾ 11보다 I0 큰 수는 □입니다.
10 20 12 ㉑

● 빈칸에 알맞은 수를 써넣으시오.

36은 35 보다 I 크고, 37 보다 I 작습니다.

❶ 27은 26보다 I 크고, 28 보다 I 작습니다.

❷ 29는 I9 보다 I0 크고, 39 보다 I0 작습니다.

❸ 35는 25보다 I0 크고, 45 보다 I0 작습니다.

❹ 28은 27 보다 I 크고, 29 보다 I 작습니다.

❺ 39는 38 보다 I 크고, 40보다 I 작습니다.

❻ 36은 26 보다 I0 크고, 46 보다 I0 작습니다.

❼ 26은 I6 보다 I0 크고, 36보다 I0 작습니다.

❽ 41은 40 보다 I 크고, 42 보다 I 작습니다.

208 화살표 규칙

● 규칙에 맞게 빈칸에 알맞은 수를 써넣으시오.

규칙

| 큰 수 → | 작은 수 ↓ | 10 큰 수 → | 10 작은 수 ↑ |

37 → 38 │큰 수

① 24 → 25
② 15 → 16
③ 24 → 25 │작은 수
④ 36 ↓ 37
⑤ 17 ↓ 18
⑥ 25 → 35 │10 큰 수
⑦ 34 → 44
⑧ 19 → 29
⑨ 39 → 49
⑩ 27 → 37 │10 작은 수
⑪ 16 ← 26
⑫ 20 ← 30
⑬ 7 ← 17

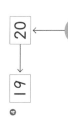
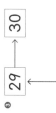

● 규칙에 맞게 빈칸에 알맞은 수를 써넣으시오.

⓿ 15 │큰 수 16 → 26 │10 큰 수

① 27 → 37 │10 큰 수 38 │1 큰 수
② 29 │작은 수 30 → 39 │10 큰 수
③ 29 ← 30 ↓ 39
④ 19 → 20 ← 30
⑤ 27 → 28 ↑ 18
⑥ 41 ← 42 ← 32
⑦ 17 ↑ 18 → 28
⑧ 14 → 24 → 25

사고셈 ● 45

4 주차

잘 공부했는지 알아봅시다

월   일

1 수직선을 보고 빈칸에 알맞은 수를 써넣으시오.

45 46 **47** 48 49

−1   +1

45 **1작은수** (46) **1큰수** 47

2 그림을 보고 빈칸에 알맞은 수를 써넣으시오.

❶
38 **10큰수** 48

❷
15 **10작은수** 25

3 규칙에 맞게 빈칸에 알맞은 수를 써넣으시오.

규칙
1작은수 ← → 1큰수
↓ 10큰수   ↑ 10작은수

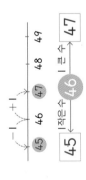

❶
21 **1큰수** 22
31 **10큰수**

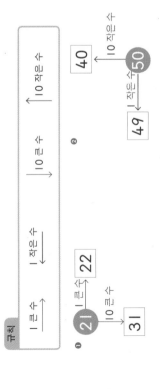

❷
49 **1작은수** 50 40 **10작은수**

46

⑤ 주차

동전

209

● 지갑 속 동전이 얼마인지 쓰고, 더 큰 금액이 들어 있는 지갑에 ○표 하시오.

25 원   27 원

32 원   34 원

21 원   17 원

32 원   24 원

16 원   41 원

50 원   42 원

● 금액이 ▮ 안의 수보다 크면 ↑, 적으면 ↓에 ○표 하시오.

32   41   18   38
28   29

37   18   35   25
47   19

꼬리표

210

● 안의 수보다 더 큰 수에 ○표 하시오.

① 17 : ⑲ ㉘ 16

② 42 : ㊷ 37 ㊽

④ 28 : 38 ㉙ 24

● 안의 수보다 더 작은 수에 ○표 하시오.

36에서 시작하여 거꾸로 세어 봅니다.

⑤ 36 : 39 ㉜ ㉗

⑦ 24 : ㉑ ⑰ 26

⑧ 19 : 27 ⑰ ⑫

⑩ 48 : ㊶ ㊲ 50

① 37 : 29 38 ㊷

③ 22 : ㉕ 19 ㊶

⑥ 44 : ㊺ 38 ㊾

⑥ 25 : 45 ㉔ ⑲

⑨ 31 : ㉑ 32 ㉚

수의 크기를 비교할 때는 먼저 십의 자리 숫자를 비교하고, 십의 자리 숫자가 같으면 일의 자리 숫자를 비교합니다.

● 왼쪽에는 작은 수, 오른쪽에는 큰 수가 들어갑니다. 알맞은 수에 ○표 하시오.

21 : ⑫ 25 ㉒ 30 | 20 ㉓ 19 ㉚

① 35 : 40 ㉔ 37 ㉝ | ㊶ 32 ㊲ 29

② 17 : ⑮ 23 ⑩ 18 | 14 ㉔ 13 ⑲

③ 44 : 48 50 ㊷ ㉚ | ㊸ 42 ㊾ 37

④ 27 : ㉕ ⑭ 29 32 | 19 ㉘ 20 ㉚

⑤ 38 : ㊲ 39 42 ㉙ | ㊻ 37 ㊵ 28

⑥ 24 : ㉒ 26 31 ⑬ | 21 ㉕ 23 ㉝

50

사고셈 ● 51

211

대소 비교

● 선으로 연결된 두 수의 크기를 비교하여 큰 수를 쓰시오.

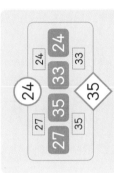
①
27 35 19 42
35 42
27 42

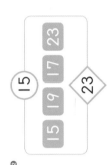
③
26 15 27 18
26 27
27

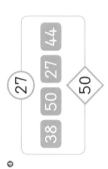
⑤
42 36 34 34
36 40 34
34 34

보기

27 35 19 42
35 42
42 42

36 34 39 31
36 39
39 39

● 선으로 연결된 두 수의 크기를 비교하여 작은 수를 쓰시오.

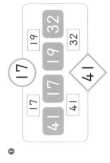
⑦
27 25 31 18
25 31
18 18

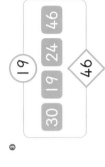
⑨
21 31 16 42
21 16
16 16

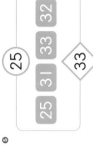
⑪
24 20 30 29
20 29
20 20

52

● 수의 크기를 비교하여 가장 큰 수는 ◇에, 가장 작은 수는 ○에 써넣으시오.

보기

27 35 24
35 33
24 33
⟨35⟩ ◯24

①
17 19 32
17 19 32
41 41
⟨41⟩ ◯17

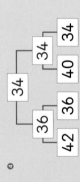
②
15 19 17 23
⟨23⟩ ◯15

③
30 19 24 46
⟨46⟩ ◯19

④
38 50 27 44
⟨50⟩ ◯27

⑤
25 31 33 32
⟨33⟩ ◯25

5 주차

212 사다리와 공

● 수의 크기 순으로 공에 쓰인 수를 빈칸에 알맞게 써넣으시오.

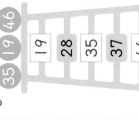

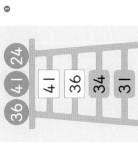

● 수의 크기 순으로 빈칸에 알맞은 수를 써넣으시오.

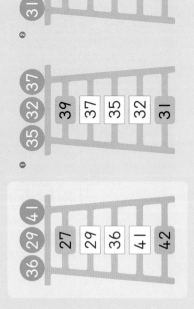

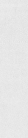

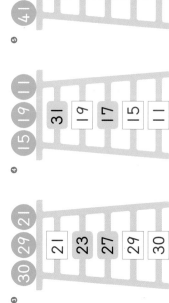

월   일

잘 공부했는지 알아봅시다

월 일

1 지갑 속의 동전이 얼마인지 쓰고, 더 큰 금액이 들어 있는 지갑에 ○표 하시오.

32 원   41 원

2 선으로 연결된 두 수의 크기를 비교하여 큰 수를 쓰시오.

17 37 24 36

37 36

37

3 　안의 수를 작은 수부터 차례로 쓰시오.

❶ 19 15 21

15 19 21

❷ 27 34 22

22 27 34

부등호 넣기

사고셈 | 정답 및 해설

교재 213

● ○안에 >, <를 알맞게 써넣고, 알맞은 말에 ○표 하시오.

34 < 37
34는 37보다 (큽니다, 작습니다).

① 29 > 15
29는 15보다 (큽니다, 작습니다).

② 25 > 21
25는 21보다 (큽니다, 작습니다).

③ 32 < 41
32는 41보다 (큽니다, 작습니다).

④ 40 < 46
40은 46보다 (큽니다, 작습니다).

⑤ 27 > 14
27은 14보다 (큽니다, 작습니다).

⑥ 17 > 16
17은 16보다 (큽니다, 작습니다).

⑦ 29 < 33
29는 33보다 (큽니다, 작습니다).

⑧ 36 > 31
36은 31보다 (큽니다, 작습니다).

⑨ 14 < 41
14는 41보다 (큽니다, 작습니다).

● ○안에 >, <를 알맞게 써넣으시오.

15 < 24
24 > 15

① 27 > 23
23 < 27

② 41 > 15
15 < 41

③ 24 < 41
41 > 24

④ 35 > 29
29 < 35

⑤ 36 < 49
49 > 36

⑥ 47 > 32
32 < 47

⑦ 19 > 17
17 < 19

⑧ 15 < 27
27 > 15

⑨ 36 > 19
19 < 36

⑩ 46 < 49
49 > 46

⑪ 16 < 40
40 > 16

214 수 넣기

>, <에 알맞게 두 수를 써넣으시오.

| 36 > 27 | 36 27 |

① 24 < 25 , 25 24
② 21 > 19 , 19 21
③ 49 > 40 , 40 49
④ 25 < 35 , 25 35
⑤ 27 < 31 , 27 31
⑥ 36 > 33 , 36 33
⑦ 29 > 25 , 25 29
⑧ 14 < 42 , 14 42
⑨ 15 < 41 , 41 15
⑩ 21 > 13 , 13 21
⑪ 17 < 27 , 17 27

>, <에 알맞게 세 수를 써넣으시오.

| 24 < 25 < 36 | 25 24 36 |

① 44 > 43 > 41 , 44 41 43
② 16 < 26 < 36 , 16 36 26
③ 48 > 39 > 27 , 27 39 48
④ 37 < 38 < 40 , 38 40 37
⑤ 45 > 37 > 32 , 45 32 37
⑥ 19 < 20 < 30 , 20 19 30
⑦ 43 > 36 > 27 , 36 43 27

215 사이의 수

◐ 사이의 수를 빈칸에 써넣으시오.

24와 28 사이의 수

24 [25] [26] [27] 28

❶ 19와 23 사이의 수

19 [20] [21] [22] 23

❷ 37과 41 사이의 수

37 [38] [39] [40] 41

❸ 28과 32 사이의 수

28 [29] [30] [31] 32

❹ 44와 48 사이의 수

44 [45] [46] [47] 48

❺ 12와 16 사이의 수

12 [13] [14] [15] 16

❻ 32와 36 사이의 수

32 [33] [34] [35] 36

❼ 26과 30 사이의 수

26 [27] [28] [29] 30

월 일

◐ 빈칸에 들어갈 수를 찾아 모두 ○표 하시오.

32 < □ < 37

41 (36) (34) 38 31

32에서 시작하여 37까지 앞으로 셉니다.
이때 32와 37은 포함되지 않습니다.
32 33 (34) 35 (36) 37

❶ 38 < □ < 45

(40) 49 36 (42) 37

38에서 시작하여 45까지 앞으로 셉니다.
이때 38과 45는 포함되지 않습니다.
38 39 (40) 41 (42) 43 44 45

❷ 11 < □ < 18

10 (12) (16) 19 20

❸ 18 < □ < 26

(21) 35 (24) 17 (19)

❹ 12 < □ < 21

11 30 25 (14) (20)

❺ 40 < □ < 48

35 (41) 29 (46) 49

❻ 27 < □ < 35

(34) 36 40 26 (28)

❼ 21 < □ < 30

(22) (29) 31 20 19

마일스톤 216

● 조건에 맞는 두 수에 ○표 하시오.

① 19 27 36 23 — 25보다 작습니다.

② 23 24 18 14 — 12와 20 사이의 수입니다.

③ 17 13 31 24 — 20보다 작습니다.

④ 29 35 38 41 — 37보다 큽니다.

⑤ 26 37 32 21 — 25와 35 사이의 수입니다.

32 18 29 41 — 30보다 큽니다.

월 일

● 빈칸에 들어갈 수 있는 세 수에 ○표 하시오.

① 31 28 19 24 46 — □<29

② 37 30 26 21 35 — 24<□<36

③ 11 22 39 34 41 — □<35

④ 20 24 19 50 37 — □>21

⑤ 20 30 38 36 18 — 19<□<37

39 25 47 21 46 — □>30

⑥ 주차

잘 공부했는지 알아봅시다

월   일

1 ○ 안에 >, <를 알맞게 써넣으시오.

① 29 > 26
29는 26보다 큽니다.

② 14 < 41
14는 41보다 작습니다.

③ 47 > 39
47은 39보다 큽니다.

2 >, <에 알맞게 세 수를 써넣으시오.

32 26 19

32 > 26 > 19

3 조건에 맞는 수에 모두 ○표 하시오.

① 37 ㊸ ㊿ 46 42
42보다 큽니다.

② ㉛ 44 26 ㉙ ㉞
28과 40 사이의 수입니다.

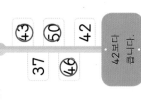

66

217 수 배열표 무늬

● 수 배열표의 일부입니다. 색칠된 빈칸에 알맞은 수를 써넣으시오.

수 배열표에서는 오른쪽으로 한 칸씩 갈수록 1씩 커지고, 아래로 한 칸씩 갈수록 10씩 커집니다.

①

24		26	27	28
	35			
44		46		48

②

6		8		
	17		19	
15				29
				26

③

32	33		35	36
	24		45	46
		43		

④

22	13		24	
32	33	34
42

⑤

8	9	10
18	19	
	29	
	40	

⑥

16	17		
26		28	
	37		
47		48	

4	5	6	7
14		16	
24		26	
13

● 수 배열표의 일부입니다. 색칠된 빈칸에 알맞은 수를 써넣으시오.

①

12	13	14	15	16
22	23	24	25	26
32	33	34	35	36

②

25	26	27	28	29
35	36	37	38	39
45	46	47	48	49

③

16	17	18	19	20
26	27	28	29	30
36	37	38	39	40

④

11	12	13	14	15
21	22	23	24	25
31	32	33	34	35

⑤

18	19	20
28	29	30
38	39	40
48	49	50

⑥

5	6	7
15	16	17
25	26	27
35	36	37

⑦

1	2	3
11	12	13
21	22	23
31	32	33

7 주차

사고셈 ● 69

7 주차

218   펜토미노 수 배열

● 수 배열표의 일부입니다. 색칠된 빈칸에 알맞은 수를 써넣으시오.

	13	
11	22	23
21	32	

② | 27 | 28 | 29 |
| | 38 | 39 |
| | 47 | 48 |

⑤ | | 2 | 3 |
| 12 | 13 | 14 |
| | 23 | 24 |

⑧ | 29 | 30 | |
| 38 | 39 | 40 |
| 48 | 49 | |

① | | 5 | | 7 |
| 15 | 16 | 17 |
| | 26 | 27 |

④ | 13 | 14 | 15 |
| 23 | | 25 |
| 34 | 35 |

⑦ | 22 | 23 | |
| 32 | 33 | |
| 42 | 43 | 44 |

③ | 18 | 19 | 20 |
| 28 | 29 | |
| 38 | 39 | |

⑥ | 26 | 27 | |
| 35 | 36 | 37 |
| 45 | 46 | |

● 펜토미노 수 배열입니다. 빈칸에 알맞은 수를 써넣으시오.

수 배열표에서는 오른쪽으로 1씩 커지고, 왼쪽으로 1씩 작아집니다.
아래로 10씩 커지고, 위로 10씩 작아집니다.

| 10 |
| 19 | 20 |
| 18 | 19 | 29 |

① | 15 |
| 25 | 26 | 27 |
| 37 |

② | 24 | 25 | 26 |
| 35 |
| 45 |

③ | 27 | 28 | 29 |
| 37 |
| 19 |

④ | 6 | 7 | 8 |
| 18 |
| 28 |

⑤ | 28 |
| 37 | 38 |
| 48 | 49 |

⑥ | 12 |
| 21 | 22 | 23 |
| 32 |

⑦ | 24 |
| 34 | 35 |
| 45 | 46 |

⑧ | 28 |
| 36 | 37 | 38 |
| 46 |

219 대각선 수 배열

● 대각형 방향 수 배열입니다. 색칠된 빈칸에 알맞은 수를 써넣으시오.

● 수 배열표의 일부입니다. 색칠된 빈칸에 알맞은 수를 써넣으시오.

7 주차

220 격자 배열

● 가로줄은 일의 자리, 세로줄은 십의 자리 숫자입니다. 빈칸을 채우시오.

❶

일\십	1	2	3	4
1	11			14
2		22		
3			33	

❷

일\십	3	4	5	6
2			25	
3	33			36
4		44		

❹

일\십	5	6	7	8
2		26		28
3	35			
4			47	

❸

일\십	5	6	7	8
1		16		
2	25		27	
3				38

❸

일\십	6	7	8	9
2	26		28	
3				38
4	47			

❺

일\십	2	3	4	5
1	12			15
2		23		
3			34	

● 오른쪽 수에 맞게 점을 표시하고 순서대로 점을 이어 그림을 완성하시오.

 월 일

❶

십\일	1	2	3	4	5	6	7	8	9

15 → 34 → 32 → 44
15 → 38 ← 46 ← 44

❷

십\일	1	2	3	4	5	6	7	8	9

15 → 23 → 24 → 44
15 → 26 ← 46 ← 44

❸

십\일	1	2	3	4	5	6	7	8	9

17 → 24 → 12 → 42
17 → 47 ← 34 ← 42

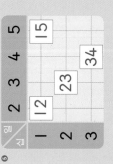
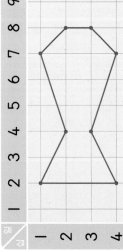

잘 공부했는지 알아봅시다

월 일

1 수 배열표의 일부입니다. 줄해진 빈칸에 알맞은 수를 써넣으시오.

26	27	28	29	30
36	37	38	39	40
46	47	48	49	50

2 수 배열표 조각의 빈칸에 알맞은 수를 써넣으시오.

❶
18	
28	29
39	40

❷
23		25
	34	
43		45

❸
22	23	24
	33	
		43

3 가로줄은 일의 자리 숫자, 세로줄은 십의 자리 숫자입니다. 오른쪽 수에 맞게 점을 표시하고 순서대로 점을 이어 그림을 완성하시오.

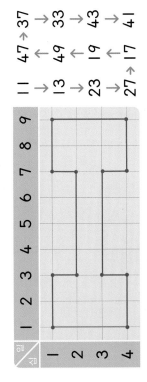

11 → 13 → 23 →
27 → 17
23 → 19 ←
49 ← 33
47 → 37 → 43 → 41

8 주차

뛰어 세기

221

● 안의 수만큼 뛰어 세시오.

5

10	15	20	22	26
12	14	25	30	28
22	16	27	35	40

2

20	21	31	41	45
22	23	33	43	48
24	26	28	30	32

3

27	30	32	34	37
24	33	36	38	40
21	35	39	42	45

4

16	15	19	22	25
20	24	28	33	37
23	29	32	36	40

5

6	11	16	22	25
10	14	21	27	32
15	19	26	31	36

2

7	8	20	14	12
9	11	13	15	16
10	22	16	17	19

● 안의 수에서 시작하며 ● 안의 수만큼 뛰어 세시오.

뛰어 세기에서는 하나씩 세는 대신 둘씩, 셋씩, 넷씩, 다섯씩, … 뛰어 셉니다. 뛰어 세기는 곱셈과 나눗셈에 대한 준비입니다.

① 10 **2** 12 14 16

② **3** 12 15 18 21

③ 30 **5** 35 40 45

④ 20 **4** 24 28 32

⑤ 31 **3** 34 37 40

⑥ 28 **2** 30 32 34

⑦ 36 **4** 40 44 48

⑧ 15 **5** 20 25 30

8칸 기차

월 일

● 뛰어 세기 규칙에 맞게 빈칸에 알맞은 수를 써넣으시오.

5씩 커집니다.
15 20 25 30 35 40 45 50

① 3씩 작아집니다.
33 30 27 24 21 18 15 12

② 2씩 커집니다.
36 38 40 42 44 46 48 50

③ 5씩 작아집니다.
47 42 37 32 27 22 17 12

④ 4씩 커집니다.
20 24 28 32 36 40 44 48

◆ 뛰어 세기 규칙을 찾아 ◯표 하고, 빈칸에 알맞은 수를 써넣으시오.

2 씩 커집니다. / ◯씩 작아집니다.
28 26 24 22 20 18 16 14

① 5 ◯씩 커집니다. / 씩 작아집니다.
11 16 21 26 31 36 41 46

② 3 ◯씩 커집니다. / 씩 작아집니다.
10 13 16 19 22 25 28 31

③ 4 씩 커집니다. / ◯씩 작아집니다.
50 46 42 38 34 30 26 22

④ 2 ◯씩 커집니다. / 씩 작아집니다.
22 24 26 28 30 32 34 36

223 홀짝 수 배열

● 수를 쓰고, 둘씩 짝을 지어 모두 짝을 이루면 짝수, 아니면 홀수에 ○표 하시오.

8 (홀수 · (짝수))

7 ((홀수) · 짝수)

10 (홀수 · (짝수))

3 ((홀수) · 짝수)

11 ((홀수) · 짝수)

9 ((홀수) · 짝수)

6 (홀수 · (짝수))

5 ((홀수) · 짝수)

12 (홀수 · (짝수))

4 (홀수 · (짝수))

2, 4, 6, 8, 10, … 과 같이 둘씩 짝지을 수 있는 수를 짝수라고 합니다.

1, 3, 5, 7, 9, … 와 같이 둘씩 짝지을 수 없는 수를 홀수라고 합니다.

● 짝수에 ○표 하시오.

①
| ⑥ | 7 | ⑧ | 9 | ⑩ |
| ⑯ | 17 | ⑱ | 19 | ⑳ |

②
| 1 | ② | 3 | ④ | 5 |
| 11 | ⑫ | 13 | ⑭ | 15 |

③
㉒	27	㉘	29	㉚
㊱	37	㊳	39	㊵
㊻	47	㊽	49	㊾

하단:
21	㉒	23	㉔	25
31	㉜	33	㉞	35
41	㊷	43	㊹	45

● 홀수에 ○표 하시오.

④
| 6 | ⑦ | 8 | ⑨ | 10 |
| 16 | ⑰ | 18 | ⑲ | 20 |

하단:
| ① | 2 | ③ | 4 | ⑤ |
| ⑪ | 12 | ⑬ | 14 | ⑮ |

⑤
26	㉗	28	㉙	30
36	㊲	38	㊴	40
46	㊼	48	㊾	50

하단:
㉑	22	㉓	24	㉕
㉛	32	㉝	34	㉟
㊶	42	㊸	44	㊺

224 홀짝 애드벌룬

● 알맞은 수에 ○표 하시오.

0 (예) 홀수 — ③ ㉑ 70 40 → ③, ㉑

① 짝수 — 9 31 ㉒ ⑭ → ㉒, ⑭

② 홀수 — 10 16 ㉓ ㊶ → ㉓, ㊶

④ 짝수 — ㊷ 17 ㉖ 35 → ㊷, ㉖

⑤ 홀수 — 44 ⑬ ㉕ 22 → ⑬, ㉕

⑥ 짝수 — ④ ⑫ 33 45 → ④, ⑫

⑦ 홀수 — 18 ㊸ 36 ㉗ → ㊸, ㉗

⑧ 짝수 — ⑧ 37 19 ㉘ → ⑧, ㉘

⑨ 홀수 — 20 ⑦ ㉙ 38 → ⑦, ㉙

● 알맞은 수를 쓰시오.

◆ 10보다 크고 20보다 작은 홀수
10 ⑪ 12 ⑬ 14 ⑮ 16 ⑰ 18 ⑲ 20
11, 13, 15, 17, 19

① 35보다 크고 45보다 작은 짝수
36, 38, 40, 42, 44

② 20과 30 사이의 홀수
21, 23, 25, 27, 29

③ 30보다 크고 40보다 작은 짝수
30과 40은 포함되지 않습니다.
32, 34, 36, 38

④ 5보다 크고 15보다 작은 홀수
5와 15는 포함되지 않습니다.
7, 9, 11, 13

⑤ 15와 25 사이의 짝수
16, 18, 20, 22, 24

⑥ 38보다 크고 47보다 작은 짝수
40, 42, 44, 46

⑦ 23보다 크고 35보다 작은 홀수
25, 27, 29, 31, 33

⑧ 주차

잘 공부했는지 알아봅시다

월 일

1 뛰어 세기 규칙에 맞게 빈칸에 알맞은 수를 써넣으시오.

48 44 40 36 32 28 24 20

4씩 작아집니다.

2 안의 수 중 조건에 맞는 수에 ○표 하시오.

짝수

1	②	3	④	5
11	⑫	13	⑭	15
21	㉒	23	㉔	25
31	㉜	33	㉞	35
41	㊷	43	㊹	45

일의 자리 숫자가 0, 2, 4, 6, 8인 수는 짝수입니다.

3 조건에 맞는 수를 모두 쓰시오.

❶ 20과 30 사이의 홀수

21, 23, 25, 27, 29

❷ 40보다 크고 48보다 작은 짝수

42, 44, 46